DAS PERFEKTE MENÜ

Susann Kreihe

DAS PERFEKTE MENÜ

GANG FÜR GANG EIN HOCHGENUSS

Mit 125 fein kombinierten saisonalen Rezepten durch die Jahreszeiten

CHRISTIAN

INHALT

VORWORT

LIEBE KOCHFREUNDINNEN UND KOCHFREUNDE,

stellen Sie sich einmal folgende Situation vor: ein schön gedeckter Tisch, weiße Tischwäsche, glänzendes Besteck, auf Hochglanz polierte Gläser, Kerzenschein und Blumenschmuck. Oder: 30 Grad, die Sonne scheint, gekühlter Roséwein und Sommerblumen, wohin das Auge reicht. Beides so schön, so verschieden und doch kann es der Ausgangspunkt für Ihr perfektes Menü sein.

Es kommt nicht darauf an, wo man zum Essen sitzt, sondern mit wem zusammen und dass mit Liebe und Hingabe gekocht wird. Das perfekte Menü entsteht immer zuerst im Kopf, dann auf dem Papier und schließlich in der Küche. Wie Sie diesen Weg meistern, zeige ich Ihnen auf den folgenden Seiten.

Das klassische französische Menü, wie es beispielsweise in Sternerestaurants serviert wird, folgt einer strikten Komposition, genau aufeinander abgestimmt. Da folgen kalte auf warme Gerichte, Fisch auf Fleisch, cremig auf knusprig. Es ist ein Fest, einmal in den Genuss eines solchen Menüs zu kommen. Dahinter steht im Restaurant eine große Küchenbrigade, die eingespielt ist und in der sich jede und jeder um bestimmte Komponenten des Menüs kümmert. Zu Hause jedoch sind Sie die Chefin oder der Chef und bereiten alles nach Ihren Wünschen und Möglichkeiten zu.

Denn auch Sie können zu Hause in der eigenen Küche mit einer guten Planung ein unvergessliches Dinner gestalten. Verwöhnen Sie Ihre Gäste mit filigranen Köstlichkeiten beim Menü zu zweit oder in großer Silvesterrunde. Neben saisonalen Menüvorschlägen, ob vegan, vegetarisch, mit reichlich Gemüse, ob mit Fisch, Fleisch oder Meeresfrüchten, ist dieses Buch gespickt mit zahlreichen Tipps, wie Sie entspannt kochen und das Menü als Gastgeberin oder Gastgeber auch selbst genießen können.

Auf ein gelungenes Mahl!

Ihre Susann Kreihe

EIN
LEIT
UNG

EINLEITUNG

Was macht das »perfekte Menü« aus?

Das perfekte Menü beschert Ihren Gästen einen rundum gelungenen Abend. Da spielen die Kulinarik, aber auch die Atmosphäre und das Drumherum eine wichtige Rolle. Am Ende ist es der Gesamteindruck, der in Erinnerung bleibt. Das Wichtigste dabei sind Sie, als Gastgeberin oder Gastgeber. Nur wenn Sie entspannt und gelöst dieses Menü begleiten können, wird es am Ende für Sie und Ihre Gäste zu einem unvergesslichen Event.

Im Übrigen: Kleine Pannen können immer passieren. Es ist also kein Beinbruch, wenn mal etwas schiefgeht, Sie eine Kleinigkeit vergessen haben oder etwas Unerwartetes dazwischenkommt. Es lässt sich vieles beheben und wird später zur schönen Anekdote.

Zu einem perfekten Menü gehören neben den Speisen auch die passenden Weine. Im Fachgeschäft werden Sie zur perfekten Weinauswahl ganz nach Ihren Vorlieben beraten. Zudem gibt es vorab Brot und Butter, den kleinen Gruß aus der Küche und im Anschluss eine wohlsortierte Käseauswahl. Den Abschluss bilden Kaffee, Digestif und Petits Fours.

Um am Ende ein perfektes Menü zu zelebrieren, sollten Sie als Gastgeber an viele verschiedene Aspekte denken. Das geht über die Auswahl der Gerichte hinaus. Mit Fingerspitzengefühl denken Sie bei Ihrer Planung auch an die Gäste, ihr Alter und deren Vorlieben, Abneigungen und Besonderheiten, an die räumlichen Möglichkeiten und die Gegebenheiten in Ihrer Küche und schließlich auch das vorhandene Budget.

Was ist der Anlass des Menüs?

Anlässe für ein Menü gibt es zahlreiche, vom Geburtstag über Verlobung und Heiratsantrag bis zur Gartenparty mit vielen Gästen. Der Anlass entscheidet auch über die Anzahl der Gäste und daraus ergibt sich die Entscheidung, wo die Gäste ihren Platz finden. Ein gesetztes Dinner im Esszimmer, eine gemütliche Speiseabfolge in der offenen Küche oder eine Festtagsgesellschaft in einem größeren Raum bieten jeweils andere Voraussetzungen für Ihre Planung. Passen Sie das Menü lieber an die räumlichen Gegebenheiten an, als zu versuchen, diese zu verändern. Das führt meist zu mehr Stress als nötig. Am Ende sollte der Fokus auf einem entspannten Dinner liegen.

Klären Sie folgende Punkte ab:
- Anzahl der Sitzplätze
- mögliche anlassbezogene Dekoration
- Lichtsituation (hell, dunkel, Kerzen, Leuchter)
- Anzahl Teller, Besteck, Gläser

Welches Ziel hat Ihr Menü?

Wollen Sie einen gemütlichen Abend mit Freunden verbringen? Dann darf es gerne bodenständiger sein. Nicht allzu aufwendig, gut vorzubereiten, da Sie dann entspannt mit dabei sein können. Die Gerichte lassen sich vielleicht sogar in Gesellschaft zubereiten, Ihre Gäste stehen mit in der Küche und übernehmen kleine Aufgaben. Hier ist der Weg das Ziel.

So ungezwungen geht es in einer offenen Küche zu. Da packen die Gäste auch gerne mit an. Teller und Besteck stehen bereit, und wenn die Gerichte fertig zum Anrichten sind, wird gespeist. Getränke stehen in einem Kühler zur freien Auswahl. Die Gäste entscheiden selbst, ob sie sich zum Beispiel Cocktails, Bier, Wein, Sekt/Champagner oder alkoholfreie Softgetränke schmecken lassen.

Laden Sie potenzielle oder aktuelle Geschäftspartnerinnen und -partner ein, ist ein offizieller Rahmen angebracht. Eine hochwertig eingedeckte Tafel nach allen Regeln der Kunst, mit weißer Tischwäsche und allen benötigten Bestecken und Gläsern, die die Menüauswahl vorsieht. Sie als Gastgeberin oder Gastgeber sehen sich in der Rolle der Chefköchin oder des Chefkochs und als Restaurantchefin oder Restaurantchef. Besonders hochwertige Zutaten können Ihr Menü bei solchen Gelegenheiten besonders zur Geltung bringen. Gesetzte Dinner beinhalten eine

meist klassische Menüfolge: Vorspeise, Suppe, Zwischengang, Hauptgang und Dessert. Gerne auch noch Käse. Alle Gänge finden am Esstisch statt, Besteck, Gläser, Brotteller und Buttermesser sollten darauf nicht fehlen. Reichen Sie einen Aperitif vor dem Essen, Digestif und Kaffee nach dem Essen.

Sie wollen Ihren Nachbarn oder Bekannten einen netten Abend bieten? Eine lockere Atmosphäre ist hier das Beste, vor allem, wenn sich die Gäste untereinander nicht so gut kennen. Alles Förmliche wäre hierbei störend. Leichte Hintergrundmusik, viele locker gesteckte Blumen und Gerichte, die unkompliziert sind.

In familiärer Umgebung mit Kindern darf es ruhig gelassener zugehen. Vor allem die Jüngsten sind bei den Mahlzeiten nur auf Essensaufnahme programmiert und wollen anschließend sofort wieder zum Spielen. Dem können Sie auf zweierlei Weise begegnen. Bereiten Sie ein Kinderessen und einen Kindernachtisch vor, von denen Sie wissen, dass sie Anklang finden. Bei Kindern, die Sie gut kennen, ist das meist kein Problem. Bei fremden Kindern fragen Sie im Vorhinein die Eltern, sie werden es Ihnen danken. Den Erwachsenen können Sie dann ohne Weiteres ein aufwendigeres Menü servieren. Oder aber Sie wählen ein einfaches Menü, bei dem beide, Kinder und Erwachsene, auf ihre Kosten kommen.

Kommt die ganze Familie zusammen? Größere Mengen sind dann vonnöten und so wäre zum Beispiel ein Braten mit Beilagen, die in Schalen serviert werden können, perfekt. In einem solchen Fall fünf verschiedene Gänge mit zahlreichen Komponenten anzurichten, führt nur zu Stress. Die Vorspeise – Suppen machen sich hier gut – am besten servieren, das Hauptgericht in Platten und Schalen zum Selbernehmen auf den Tisch, das Dessert wird wieder serviert, so entzerren Sie die Arbeit in der Küche und schaffen Platz.

Sie sehen, das Ziel und der Anlass des Menüs haben einen großen Einfluss auf die Auswahl der Gerichte, der Dekoration, der Getränke, des Service. Haben Sie dabei bitte immer im Hinterkopf: Können Sie alle angedachten Dinge auch wirklich selbst erledigen oder brauchen Sie gegebenenfalls eine helfende Hand?

Klären Sie folgende Punkte ab:
- Alter der Gäste (Kinder, Jugendliche, Erwachsene, darunter auch ältere Menschen)
- Kennen sich die Gäste?
- Treffen Menschen verschiedener Kulturkreise aufeinander?
- Situation/Atmosphäre

Wie stelle ich ein Menü zusammen?

Das einfache Grundmenü besteht aus:

- Vorspeise

- Hauptgang

- Dessert

Diese Grundaufstellung der Speisefolge können Sie nun beliebig variieren:

- kalte Vorspeise oder warme Suppe oder beides in dieser Reihenfolge

- vegetarisches Hauptgericht oder Hauptgericht mit Fisch oder Fleisch

- Dessert (oder Käseauswahl)

oder

- kalte Vorspeise

- warmes Zwischengericht wie Risotto oder Pasta

- warmer Fischgang

- warmer Fleischgang

- Dessert

- Käse

Alle Menüs im Buch sind variabel. Wenn Sie ein perfektes Menü für sich gefunden haben, es Ihnen aber zu viele oder zu wenige Gänge enthält, passen Sie Ihr Menü nach Ihren Vorstellungen an.

Jahreszeiten spielen bei der Menüplanung eine große Rolle und tragen ihren Teil zum Gelingen bei.

Im Frühling und Sommer freuen wir uns auf gemüselastige und frische Gerichte. Dies können Sie in Ihrem Menü ganz einfach umsetzen. Im Buch folgt die Rezeptauswahl den Jahreszeiten. Da kann im Sommer die kalte Vorspeise mit einem warmen Bestandteil ergänzt werden. Im Anschluss folgt dann zum Beispiel eine kalte Suppe. Der Hauptgang punktet mit einem frischen Salat und fruchtigen Noten. Nachspeisen sind meist ebenfalls fruchtig, mit Zitrusaromen, Milchprodukten oder Eis und Sorbets.

Im Herbst und Winter darf es würziger, vollmundiger und gerne auch gehaltvoller sein. In der klassischen Menüfolge würde kein Risotto auf eine gebundene Suppe folgen, da beides cremig ist. Gebundene Suppen aber erhalten eine leichte Note, wenn sie reichlich Kräuter, Gemüse und Gewürze enthalten, und dürfen auch mal nur leicht gebunden daherkommen. Dann peppen Sie das Risotto mit selbst gezogenen Sprossen auf und geben fein geschnittene Wintersalate dazu. Schon ist die Grundregel aufgebrochen und schmiegt sich perfekt in Ihr Menü ein.

Obwohl die Menüfolge einer Dramaturgie folgt und stetig ansteigt, ist Platz für Ausnahmen, wenn sie in Ihr Konzept passen. Das ist zum Beispiel bei Themenmenüs der Fall. So darf reichlich Spargel in den einzelnen Gängen eines Spargelmenüs auftauchen. Ein Fischmenü wird, bis auf das Dessert, eine Vielzahl von Fischsorten beinhalten. Und wenn es um Wild geht, servieren Sie, ohne darüber nachzudenken, Wildschinken, Wildessenz und Wildbraten. Es wird keinem Ihrer Gäste negativ in Erinnerung bleiben, weil Sie einer Art Drehbuch folgen, das Sie Ihrem Menü zugrunde legen.

Welche Garmethoden kann ich einsetzen?

Die verschiedenen Zubereitungsmethoden und Garverfahren sollten sich innerhalb eines Menüs unterscheiden, um den Gaumen immer wieder zu überraschen.

Es ist gut, sich mit neuen Dingen zu befassen, das schult und bringt Erfahrung. Vermeiden Sie allerdings besser, in einem Menü drei neue Garverfahren einzusetzen, mit denen Sie noch nie gearbeitet haben. Es kommt unnötig Stress auf. Aber eine neue Garmethode darf es gerne sein.

Folgende Garmethoden stehen zur Auswahl:

- Kochen – Garen im Topf in reichlich Wasser

- Dünsten – Garen im Topf in wenig Fett, im eigenen Saft oder in wenig Flüssigkeit, bei mittleren Temperaturen

- Braten – Garen in der Pfanne, in Fett, bei hohen Temperaturen

- Schmoren – Anbraten in Fett in Pfanne oder Topf auf dem Herd, Angießen von Flüssigkeit und Fertiggaren im Backofen

- Dämpfen – Garen bei mittleren Temperaturen auf einem Dämpfeinsatz, über einer aromatisierten Flüssigkeit oder Wasser

- Sous-vide-Garen – Garen im Vakuumbeutel, im Wasserbad, bei niedrigen Temperaturen
- Grillen – Garen über direkter oder indirekter Hitze auf Gas-, Elektro- oder Holzkohlegrill
- Überbacken – bei sehr hohen Temperaturen im Backofen
- im Ofen garen – Garen bei niedrigen bis hohen Temperaturen im Ofen, abhängig vom Gargut
- Beizen – kaltes Garverfahren, mit Salz und Zucker
- Trocknen – Haltbarmachen von Lebensmitteln durch Entzug der enthaltenen Flüssigkeit
- Räuchern – Haltbarmachen/Garen über heißem oder kaltem Rauch

Wie gestalte ich mein Menü perfekt?

Achten Sie auf ein schönes Farbenspiel. Da man ein Gericht zunächst sieht, sind die Farben und deren Kombination als Erstes wahrnehmbar. Das Menü muss allerdings nicht unbedingt wie ein »bunter Hund« daherkommen. Auch Farbtöne aus der gleichen Farbfamilie können spannend sein. Hier gilt das Gleiche wie beim Spargelmenü. Folgt die Auswahl einer Dramaturgie, ist es für den Gast nachvollziehbar.

Wo wir gerade beim Thema Farbe sind: Es gibt einfache Gerichte, die können noch so lecker sein, sehen aber auf den ersten Blick nicht so hinreißend aus. Risotto zählt für mich dazu, auch wenn ich eine durchweg positive Assoziation mit Risotto habe. Dieses Reisgericht ist auch stets schwierig zu fotografieren. Bei diesem Punkt können Sie mit Texturen und Farben spielen. Setzen Sie auf das Risotto luftig-hohe Deko-Elemente. Gemeint ist hier etwa eine lockere »Kugel« aus Rucola, frittierten Zwiebelringen oder Sauerkraut, dünnen Brotchips oder gebackenen Hippen. Also alles, was Kontrast zum »Breiigen« bildet. Zudem schlagen Sie so zwei Fliegen mit einer Klappe. Es kommt ein crunchiges Element hinzu und macht die Kombination noch spannender.

Mise en place:

So verschaffen Sie sich Zeit für Ihre Gäste

Vorbereitung ist das A und O. Schreiben Sie sich einen Menüplan. Fangen Sie rechtzeitig damit an und denken Sie eine Weile hin und her, damit alles schön rund wird.

Achten Sie auf den Anlass, Ihre Gästestruktur (Alter, Geschlecht, Kulturkreise) und die Vorlieben oder Abneigungen (soweit bekannt oder ggf. im Vorhinein abfragbar) und vor allem die Ernährungsformen Ihrer Gäste. Gehen Sie auf Gäste ein, die sich vegan oder vegetarisch ernähren oder eine Lebensmittelunverträglichkeit haben. Manchmal lohnt es sich, das gesamte Menü unter einem dieser Aspekte zu planen. Alternativ lassen sich auch einzelne Komponenten im Gericht austauschen und anpassen.

Mit dem feststehenden Menüplan geht es an die Einkaufsliste. Trockenprodukte können Sie frühzeitig besorgen. Brühen, Saucen, Chutneys und Salatdressings halten einige Tage im Kühlschrank. Brühen und Saucen lassen sich einkochen oder einfrieren. Geschmorte Gerichte schmecken am nächsten Tag, gut durchgezogen, meist noch besser. Desserts können in vielen Fällen vorbereitet und über Nacht kalt gestellt werden.

Je mehr Komponenten Sie vorbereitet haben, umso gelassener können Sie dem Menü entgegensehen. Ich bin ein großer Fan von Listen, die man abhaken kann. Vielleicht hilft Ihnen das auch. Schreiben Sie auf, was Sie an welchen Tagen erledigen wollen. Am Tag des Menüs selbst dann in Stundenabschnitten denken, denn der Tag ist meist sehr voll mit Vorbereitungsarbeiten. Und nicht vergessen, holen Sie sich jemanden an die Seite, denn zu zweit ist man weniger allein.

Die zehn wichtigsten Punkte

1 Anlass
2 Gästeliste
3 Saison
4 Menü erstellen
5 Menü planen
6 Einkaufsliste schreiben
7 Einkaufen nach Dringlichkeit / Haltbarkeit / Lagerung
8 Vorbereitung nach Zeitplan
9 Deko und Tisch
10 Fertigstellen und Servieren

Bei der Zeitplanung gehen Sie in Etappen vor. Was kann ich bereits 1–2 Wochen vorher erledigen, was 2–3 Tage vorher? 1 Tag, 5–6 Stunden bzw. 2–3 Stunden vor dem Eintreffen der Gäste? Was kann direkt vor dem Anrichten und Servieren erledigt werden? Wie gesagt, Listen schaffen einen guten Überblick.

Wenn Sie im Vorhinein alle Speisen einmal Probe kochen wollen, nutzen Sie die Gelegenheit, um ein Foto zu machen, das Sie sich dann in der Küche aufhängen. Zudem notieren Sie Änderungen oder passen die Speisen nach Ihren Vorlieben an.

Welche Mengen muss ich kalkulieren?

Grundsätzlich isst man bei einem Menü nicht mehr als bei einem ganz normalen Mittag- oder Abendessen. Da sich ein Menü über eine längere Zeit hinzieht, kann sich der Magen jedoch immer wieder beruhigen und »Platz schaffen«.

Kinder sind meist mit einem Hauptgericht und einem Dessert glücklich. Rechnen Sie für das Hauptgericht bei Kindern etwa 60–80 g Sättigungsbeilage (ungegart), etwa Pasta oder Reis. Die Fisch- oder Fleischmenge liegt bei 100–120 g. Dazu kommen etwa 100–150 g Gemüsebeilage und 50–80 ml Sauce. Vor allem Jugendliche verzehren meist mehr, da sie sich im Wachstum befinden.

Reichen Sie Petits Fours (ohne Alkohol) am Ende des Menüs, greifen Kinder sicher gerne zu. Kalkulieren Sie das am besten gleich mit ein.

Speisen Sie in einer Runde von Erwachsenen? Salate setzen Sie mit etwa 120–150 g an. Bei Suppen servieren Sie 150–200 ml. Wobei klare Suppen weniger sättigen und die Portion gerne etwas größer sein darf. Pasta und Risotto kalkulieren Sie im Menü mit etwa 50 g (ungegart), zuzüglich der gewünschten weiteren Bestandteile wie Gemüse, Meeresfrüchte, Fisch oder Fleisch. Im Hauptgericht setzen Sie mit Fisch oder Fleisch einen wichtigen Akzent. Etwa 150–200 g werden pro Person vorbereitet, wobei Sie gerne etwas für einen Nachservice zurückbehalten können. So gehen Sie individuell auf die Vorlieben Ihrer Gäste ein.

Der Nachtisch wird mit etwa 150–200 g pro Person vorbereitet, wobei sich eine Portion Parfait und eine Portion Soufflé im Gewicht sehr unterscheiden. Zudem teilt sich die Gästeschar gemeinhin in große Nachtisch-Fans und solche, die Käse bevorzugen.

Eine Käseplatte soll nicht sparsam bestückt sein, zumal sich Käse nach dem Menü gut aufbewahren lässt. 100–150 g Käse pro Gast sind eine gute Richtlinie. Dazu kommen Nussbrote, Chutneys oder Aufstriche.

Bei einem Menü ist es nicht schicklich, für unterschiedliche Geschlechter unterschiedliche Mengen anzurichten. Vielmehr können Sie etwas vom Hauptgang zurückbehalten und nachreichen, wenn der Hunger größer ist. Zudem sind auch Brot und Butter verfügbar, sodass niemand hungrig nach Hause gehen wird.

Aromen und Gewürze

Aromen spielen bei jedem Essen eine wichtige Rolle. Das Schöne ist, wir haben in Sachen Aromen in der Küche viel selbst in der Hand.

Aromen sind spezifische, mehr oder weniger flüchtige Gerüche in Lebensmitteln. Aromen nehmen wir mit der Nase wahr. Auf der Zunge und im Mundraum schmecken wir und fühlen die Konsistenz der Speisen. Wir unterscheiden fünf Geschmacksrichtungen: süß, sauer, salzig, bitter und umami, was meist als würzig und herzhaft beschrieben wird.

Für das perfekte Menü ist es am Ende die Kunst, verschiedene Lebensmittel und deren Aromen so zu kombinieren, dass sie uns ein WOW entlocken, in Erinnerung bleiben und wir den Geschmack noch lange im Gehirn abspeichern. Das geschieht durch Würzen, die verwendeten Garverfahren, Farbe, Konsistenz und das, was das Auge am Ende auf dem Teller sieht.

Beim Essen geschieht vieles gleichzeitig. Wir riechen das Essen im Raum, ohne probiert zu haben. Wir hören, wie es in der Pfanne kocht, brät oder knistert. Beim ersten Bissen nehmen wir Temperatur und Konsistenz wahr. Beim Kauen entwickeln sich noch einmal ganz neue Aromen. Dazu ein Schluck vom passenden Wein, perfekt, oder? So sollte es im Idealfall sein.

Die wichtigsten Grundpfeiler hierbei sind:

- Zu salzigen Speisen gehört immer etwas Süße. Tomatensuppen und -saucen sind ein gutes Beispiel dafür. Streusel für einen Obst-Crumble oder einen Kuchen werden mit 1 Prise Salz verfeinert.

- Ein Hauch Schärfe schärft im wahrsten Sinne des Wortes den Geschmack. Sie hebt alle vorhandenen Aromen an. Dabei macht die Menge einen großen Unterschied. Auch sollte Schärfe nur punktuell eingesetzt werden, damit die Gäste das Menü in seiner Gesamtheit genießen können.

- Zu weich gehört knusprig, das zeigt sich am Risotto.

- Kalt und warm ergänzen sich hervorragend. Ein Salat mit knusprigen Samosas etwa.

- Kalt und warm, weich und knusprig, süß und sauer.

Bittere Noten haben leider (zu Unrecht, wie ich finde) einen schlechten Ruf und gehören unbedingt dazu. Ähnlich wie bei der Schärfe ist die Dosis entscheidend. Bitterstoffe kommen in Kräutern, Gewürzen, Zitrusfrüchten, dunkler Schokolade oder Kaffee vor. Auch Salate wie Chicorée und Radicchio spielen hier eine große Rolle.

Dekoration und das Tischeindecken

War früher ein weißes Leinentuch ein absolutes Muss im Restaurant, so ist man heute völlig frei in der Art des Tischeindeckens.

Natürlich erzeugen Stoffe eine Wohlfühlatmosphäre. Sie wirken warm, beruhigend und heimelig. Das können Sie gezielt einsetzen, auch dem Motto des Menüs entsprechend. Weihnachtsmotive in der Advents- und Weihnachtszeit, glänzend und edel zu Silvester oder blumig im Sommer. Aber auch ein rustikaler Holztisch oder einfache Platzsets aus Zeitungspapier können hinter einer Idee für einen gelungenen Abend stehen. Eine nachhaltige Speisenauswahl, wenn etwa nur Produkte aus der direkten Umgebung verarbeitet werden, kann mit solchen Deko-Ideen abgerundet werden.

Blumen und schönes »Grünzeug« findet sich im Blumengeschäft oder kostengünstig auf der Wiese. Haben Sie dabei bitte den Naturschutz im Auge, denn nicht überall darf auch jede Pflanze gepflückt werden.

Kräutertöpfe (die man gut weiterverwenden kann) sehen hinreißend aus auf einer gedeckten Tafel. Manchmal reichen auch einige bemooste Zweige, Zapfen, Kastanien und Hagebutten, um die passende Stimmung zu zaubern.

Einfacher wird es für Sie, wenn Sie dem Menünamen folgen. Ein Fischmenü harmoniert perfekt mit Blautönen, Muscheln, netzartigen Stoffen oder Motiven. Das Adventsmenü ist ideal, um vorhandene Advents- und Weihnachtsdekoration zu integrieren. Im Sommer reichen Beerenfrüchte, Wiesenblumen und Kräuter aus, um eine leichte und lockere Atmosphäre zu schaffen.

Alles Käse – Ein Überblick mit allem, was dazugehört

Welche Sorten gibt es, wie serviere ich sie, was reiche ich zum Käse?

Damit Sie bei der Käseauswahl nicht den Überblick verlieren, hier ein Einblick in die Welt des Käses.

Die Einteilung der Käsesorten wird zum einen vom Wassergehalt in der fettfreien Käsemasse bestimmt. Je mehr Wasser enthalten ist, umso weicher ist der Käse. Durch Lagerung und Reifung verlieren die Käse an Flüssigkeit und sie werden fester und würziger.

Neben der Einteilung nach Reifegrad und Konsistenz können zum anderen die verwendeten Milchsorten zur Auswahl dienen. Es sind unter anderem Kuh-, Schafs- und Ziegenmilchkäse erhältlich. Die Einteilung der Käsesorten unterscheidet sich in anderen Ländern wie Frankreich, Italien oder Kroatien von der in Deutschland.

Hartkäse
- fest bis körnig, reift mindestens 3 Monate, aber auch Jahre, würzig, intensiv und aromatisch
- Parmesan, Pecorino, Cheddar, Gruyère, Bergkäse, Provolone, Tête de Moine, Sbrinz, Emmentaler, Comté

Schnittkäse
- schnittfest, ohne krümelig zu sein, reift mindestens 5 Wochen oder länger
- Gouda, Appenzeller, Tilsitter, Edamer, Etorki

Halbfester Schnittkäse
- schnittfest, aber deutlich weicher und cremiger, reift mindestens 3 Wochen, aber auch bis zu 9 Monate
- Butterkäse, Käse mit Edelschimmel oder Rotschmierkulturen, auch oft mit Kräutern, Blüten, Gewürzen versetzt
- Roquefort, Chavroux, auch Steinbuscher (Norddeutschland) oder Weißlacker (Süddeutschland)

Weichkäse
- 2–3 Wochen Reifezeit, reift von außen nach innen, weich und cremig, mit Edelpilz- und Rotschmierkulturen gereift
- Camembert, Brie, Romadur, Münster, Blauschimmelkäse, Limburger

Frischkäse
- direkt nach der Herstellung verzehrfertig, kürzere Haltbarkeit, weich, streichfähig
- Frischkäse/Doppelrahmfrischkäse, Quark, Hüttenkäse, Ricotta, Mascarpone

Sauermilchkäse
- reift von außen nach innen, zunächst innen quarkig und krümelig, wird weicher und intensiver durch weitere Reifung
- Harzer Roller, Handkäse, Quargel, Stangenkäse

Überraschen Sie Ihre Gäste (und vielleicht sich selbst) einmal mit veganem Käse. Dieser wird unter anderem aus Cashewkernen hergestellt.

Käse ist der letzte Gang und meist sind die Gäste schon gut gesättigt. Dennoch gilt der Spruch »Käse schließt den Magen«. Daher greifen viele gerne noch einmal zu. Es lohnt sich, eine durchdachte Auswahl auf einem Käsebrett zu reichen. Das ermöglicht jedem Gast, ganz nach eigenen Vorlieben und Appetit zuzugreifen. Auf dem Brett finden sich im besten Falle Käse verschiedener Fettstufen, unterschiedlicher Länder und Milchsorten.

Hier können Sie zusätzlich noch einmal Brot servieren; vor allem Sorten mit süßen Trockenfrüchten oder Nüssen harmonieren perfekt mit würzigem Käse. Auch Dips in Form von Feigensenf, Chutney oder Salsa sind sehr zu empfehlen. Sowohl Süße als auch Säure sind perfekte Partner für den Käse.

Käseauswahl
3–5 Sorten sind für 4–5 Personen ausreichend. Wenn Sie 6–8 Gäste zu Besuch haben, können Sie 2–3 weitere Sorten dazunehmen. Auch Nüsse, Trauben oder andere süße Obstsorten wie Physalis, Mandarinen und Sharon (Kaki) passen toll zu den würzigen Käsearomen.

Nehmen Sie den Käse 1–2 Stunden vor dem Servieren aus der Kühlung, damit er gut temperiert serviert wird. So entfalten sich die Aromen am besten.

Petits Fours und Pralinen – Edle Ideen von gekauft bis selbst gemacht

In Konfiserien, Konditoreien und Feinkostläden findet sich eine breite Auswahl an Pralinen, Schokoladen, Macarons oder kleinen Gebäckstücken.

Alle, die lieber etwas Selbstgemachtes anbieten wollen, wählen aus den folgenden Rezepten ihre Favoriten:

Klassische Petits Fours

Für etwa 12–16 Stück
Zubereitungszeit: 30 Minuten
Backzeit: etwa 18 Minuten

4 Eier
1 Prise Salz
75 g Zucker
75 g Weizenmehl
25 g Speisestärke, plus mehr zum Ausrollen
1 Msp. Backpulver
150 g feine Erdbeerkonfitüre
2 EL Obstbrand (ersatzweise Wasser)
150 g weißer Fondant
300 g Puderzucker
1 Zitrone, ausgepresst
getrocknete Rosenblütenblätter oder Blütenmischung

Den Backofen auf 180 °C Ober-/Unterhitze vorheizen. Ein Backblech mit Backpapier auslegen. Die Eier mit 1 Prise Salz und dem Zucker 5 Minuten dickschaumig aufschlagen. Mehl, Speisestärke und Backpulver darübersieben und locker unterheben. Die Biskuitmasse auf das vorbereitete Backblech geben und glatt streichen. Im vorgeheizten Backofen 15–18 Minuten backen. Anschließend mit einem sauberen Küchentuch abdecken und abkühlen lassen.
Den Biskuit vom Backpapier lösen und in Viertel schneiden. Die Ränder nach Bedarf begradigen. Die Konfitüre mit dem Obstler glatt rühren und den Biskuit damit bestreichen. Die Teigstreifen übereinanderlegen. Den Fondant auf der leicht mit Speisestärke bestaubten Arbeitsfläche dünn ausrollen und auf den geschichteten Biskuit legen. Für den Guss den Puderzucker in eine Schüssel sieben und nach und nach Zitronensaft einrühren, bis ein fließfähiger Guss entstanden ist. Die Petits Fours damit überziehen, auf ein Pralinengitter setzen, mit einigen Blütenblättern bestreuen und trocknen lassen.

Brownie-Konfekt

Für etwa 20 Stück
Zubereitungszeit: 20 Minuten
Backzeit: 20 Minuten

150 g Butter
200 g Zartbitterschokolade
3 Eier
100 g Zucker
80 g Weizenmehl Type 405
25 g Backkakao
50 g grob gehackte Walnusskerne
1 Msp. Natron
2 Prisen Salz
75 g weiße Kuvertüre
2–3 getrocknete Orangenscheiben

Den Backofen auf 170 °C Ober-/Unterhitze vorheizen. Eine Backform (etwa 20 × 20 cm) mit Butter einfetten oder mit Backpapier auslegen. Butter und Schokolade bei mittlerer Temperatur in einem Topf schmelzen, beiseitestellen und abkühlen lassen. Dann die Eier in die Masse rühren. Zucker zugeben und so lange untermischen, bis er sich vollständig aufgelöst hat. Nun Mehl, Kakao, Walnüsse, Natron und Salz untermengen. Die Masse in die vorbereitete Form füllen und im vorgeheizten Backofen 20 Minuten backen. Den Kuchen vollständig auskühlen lassen.
Die Kuvertüre hacken, die Hälfte davon in einer Schüssel über einem heißen Wasserbad schmelzen. Die Schüssel vom Wasserbad nehmen und die übrige gehackte Kuvertüre in der flüssigen Kuvertüre schmelzen. Die Brownies in kleine Würfel schneiden. Mit der weißen Kuvertüre besprenkeln und ein Stück Orange darauflegen. Trocknen lassen und über Nacht durchziehen lassen. Die Brownies in einer Dose verpackt an einem kühlen Ort aufbewahren. 3–4 Tage haltbar.

Chai-Madeleines

Für 24 Stück
Zubereitungszeit: 20 Minuten
Backzeit: 10–12 Minuten

125 g Butter
2 TL loser Chai-Gewürztee
75 g Marzipanrohmasse
4 Eier
1 Prise Salz
50 g Puderzucker
125 g Dinkelvollkornmehl
1 TL Backpulver
Puderzucker zum Bestauben

Butter in einem Topf schmelzen und erkalten lassen. Chai im Mörser fein mahlen. Marzipan reiben und mit Eiern, Salz, Puderzucker und Chai-Tee schaumig rühren. Das Dinkelmehl und Backpulver untermischen. Die Masse 1 Stunde im Kühlschrank ruhen lassen. Den Backofen auf 180 °C Ober-/Unterhitze vorheizen. Die Madeleine-Mulden leicht mit Butter einfetten. Den Teig einfüllen und 10–12 Minuten backen. Die Madeleines auf einem Kuchengitter abkühlen lassen. Den übrigen Teig ebenso backen. Kurz vor dem Servieren mit Puderzucker bestauben. In einer verschließbaren Dose verpackt halten die Madeleines 3–4 Tage.

Was kommt danach? Ideen für den Digestif

Ein hochwertiges Menü endet meist in geselliger, gut gesättigter Runde mit einem kleinen Schnaps. Was Sie dafür bereithalten können?

Auf der sicheren Seite sind Sie mit einem Obstbrand und einem Fruchtlikör. Für alle, die mildere Schnäpse bevorzugen, sind Liköre hier optimal. Ob es etwas Cremiges wie zum Beispiel Kaffee- oder Kokoslikör sein soll oder lieber die fruchtige Variante aus Kirschen, Erdbeeren oder Aprikosen, ist dabei Ihnen als Gastgeber überlassen.

Die Herren sind in den meisten Fällen für hochprozentige Schnäpse offen. Ein hochwertiger Obstbrand wie Marille, Birne oder Walderdbeere? Kaufen Sie lieber nur eine sehr gute Spirituose als viele minderwertige, denn die schmecken häufig nur scharf und können Ihrem liebevoll gekochten Menü einen faden Nachgeschmack verleihen.

Brot

Ein wirklich gutes Brot bildet den Start zu einem gelungenen Menü. Es duftet würzig und ist im besten Falle lauwarm. Ob Sie es selbst backen oder ein Brot aus einem hochwertigen Handwerksbetrieb kaufen, ist nicht entscheidend. Achten Sie vielmehr darauf, es adrett zu präsentieren. Einige wenige Scheiben pro Gast reichen aus zum Verweilen und Appetitanregen, denn der Fokus liegt ja auf den einzelnen Gängen.

Schnelles Fladenbrot

Für 8 Stück
Zubereitungszeit: 10 Minuten
Ruhezeit: 10 Minuten
Backzeit: etwa 5–8 Minuten
250 g Weizenmehl Type 550
½ TL Salz
1 EL Olivenöl

Mehl und Salz in einer Schüssel mischen, 140 ml lauwarmes Wasser und das Olivenöl hinzufügen und mit den Knethaken des Handrührers oder in der Küchenmaschine mindestens 5 Minuten zu einem glatten, elastischen Teig verkneten. Den Teig abdecken und bei Zimmertemperatur 10 Minuten ruhen lassen. Anschließend den Teig in acht gleich große Stücke teilen und unter der flachen Hand rund rollen. Die Teigkugeln abdecken. Inzwischen eine Pfanne auf hohe Temperatur vorheizen. Ein Teigstück auf der leicht bemehlten Arbeitsfläche rund und dünn ausrollen. In der heißen, trockenen Pfanne von jeder Seite einige Sekunden backen. Der Teig bläht sich auf und bräunt an einigen Stellen. Die Fladen auf einen Teller legen und abdecken, damit sie geschmeidig und weich bleiben. So fortfahren, bis alle Teigkugeln gebacken sind. Die Fladen am besten frisch zubereiten.

Sauerteig-Baguette

Für 2 Baguettes
Zubereitungszeit: 10 Minuten
Ruhezeit: etwa 15 Stunden
Backzeit: 15 Minuten

Für den Vorteig
180 g Weizenmehl Type 550
1 Tüte Sauerteig (75 g, aus dem Backregal)

Für den Hauptteig
1 Msp. frische Hefe
250 g Weizenmehl Type 550, plus mehr zum Arbeiten
100 g Roggenmehl Type 1150
10 g Salz
neutrales Speiseöl

Am Vortag das Weizenmehl mit dem Sauerteig und 150 ml Wasser in einer Vorratsdose verrühren. Die Dose verschließen, zunächst 1 Stunde bei Zimmertemperatur und anschließend über Nacht (etwa 10–12 Stunden) im Kühlschrank ruhen lassen.
Am nächsten Tag die Hefe in 175 ml lauwarmem Wasser auflösen und zusammen mit dem Vorteig, den beiden Mehlsorten und dem Salz in der Küchenmaschine mit Knethaken 5 Minuten verkneten. Den Teig in eine leicht geölte Schüssel geben und abgedeckt 1 Stunde bei Zimmertemperatur gehen lassen. Anschließend den Teig von allen vier Seiten nach innen falten, dabei jeweils den Teig leicht dehnen. Erneut abdecken und 1 weitere Stunde gehen lassen.
Den Teig mit einer Teigkarte aus der Schüssel auf die bemehlte Arbeitsfläche gleiten lassen. Erneut mehrfach von den vier Seiten aus zusammenfalten. Den Teig in zwei Stücke teilen und zu länglichen, spitz zulaufenden Baguettes formen. Auf ein mit Backpapier bedecktes Backblech legen. Großzügig mit Mehl bestauben. Die Laibe mit einem sauberen Küchentuch abdecken. Gehen lassen, solange der Backofen vorheizt.
Inzwischen auf den Boden des Backofens eine feuerfeste Schale stellen und auf 250 °C Ober-/Unterhitze vorheizen. Die Baguettes auf der Oberfläche mehrfach mit einem sehr scharfen Messer oder einer frischen Rasierklinge einschneiden.
Zügig das Backblech in den heißen Ofen schieben. Etwa 50 ml Wasser in die heiße Schale füllen und rasch die Backofentür schließen, damit sich der Dampf gut im Innenraum verteilen kann. Etwa 15 Minuten backen. Vor dem Servieren abkühlen lassen.

Tipp
Die Baguettes können bereits einige Stunden vor dem Menü gebacken werden. Dann kurz vor dem Servieren kurz im heißen Ofen (220 °C Ober-/Unterhitze) aufbacken.

Dunkles Roggenbrot

Ein Roggenbrot ist am nächsten Tag perfekt, da sich die Krume verfestigen kann und das Brot noch aromatischer schmeckt.
Für 1 Kastenform (25 cm Länge)
Zubereitungszeit: 20 Minuten
Ruhezeit: 17 Stunden
Backzeit: 65 Minuten

Für den Vorteig
150 g Roggenschrot
2 Tüten Sauerteig (à 75 g, aus dem Backregal)

Für den Hauptteig
400 g Roggenschrot
1 TL Trockenhefe
1 EL Honig
2 TL Salz

Den Roggenschrot mit dem Sauerteig und 150 ml lauwarmem Wasser in einer Vorratsdose verrühren. Verschließen und über Nacht bei Zimmertemperatur stehen lassen.
Am nächsten Tag den angerührten Vorteig mit dem übrigen Roggenschrot, der Trockenhefe, 350 ml lauwarmem Wasser, dem Honig und dem Salz in einer Rührschüssel mit einem Löffel vermischen. Es entsteht ein klebriger Teig. Diesen abdecken und 3 Stunden bei Zimmertemperatur gehen lassen.
Eine Kastenform mit Backpapier auslegen und den Teig einfüllen. Weitere 2 Stunden gehen lassen. Den Backofen auf 250 °C Ober-/Unterhitze vorheizen. Das Brot auf dem zweiten Einschub von unten 20 Minuten backen. Anschließend bei 190 °C weitere 45 Minuten fertig backen. Das Brot gut auskühlen lassen.

Brioche

Für 1 Kastenform (25 cm Länge)
Zubereitungszeit: 25 Minuten
Ruhezeit: 3 Stunden 20 Minuten
Backzeit: 45 Minuten
50 ml Milch
½ Würfel frische Hefe
50 g Zucker
300 g Weizenmehl Type 550
3 Eier
1 TL Salz
125 g Butter, plus mehr für die Form
1 Eigelb zum Bestreichen
2 EL flüssige süße Sahne

Die Milch lauwarm erwärmen, die Hefe hineinbröckeln, 1 TL Zucker zugeben und beides darin auflösen. Das Mehl in eine Schüssel geben, eine Mulde formen und die Hefemilch zugießen. Mit einem Teil des Mehls zu einem dickflüssigen Brei verrühren. Den Vorteig abdecken und bei Zimmertemperatur 20 Minuten gehen lassen.
Nun den übrigen Zucker und die Eier zum Vorteig geben und in der Küchenmaschine 3 Minuten kneten. Anschließend das Salz und nach und nach die weiche Butter bei laufendem Rührwerk dazugeben und weitere 5 Minuten kneten. Den Teig abdecken und 2 Stunden gehen lassen.
Eine Kastenform mit Butter einfetten. Den Teig nach Ende der Gehzeit auf der Arbeitsfläche mit den Händen durchkneten. Durch den hohen Fettgehalt braucht die Arbeitsfläche nicht bemehlt zu sein. Dann den Teig länglich formen und in die Kastenform legen. Abdecken und 1 weitere Stunde gehen lassen, bis der Teig leicht über den Rand hinaus aufgegangen ist. Das Eigelb mit der Sahne verquirlen und die Oberfläche damit bestreichen.
Den Backofen rechtzeitig auf 180 °C Ober-/Unterhitze vorheizen. Die Brioche 45 Minuten backen, dann in der Form auskühlen lassen. In Scheiben schneiden und frisch oder getoastet servieren.

Tipp
Brioche ist ein buttriges Hefebrot und hält mehrere Tage frisch. Es kann bereits vorgebacken werden und lässt sich auch gut einfrieren. Zum Servieren kurz aufbacken.

Früchtebrot

Für 1 Brot
Zubereitungszeit: 30 Minuten
Backzeit: 45 Minuten

400 g Trockenfrüchte-Mischung
2 TL loser Schwarztee (etwa Darjeeling, Earl Grey oder Ostfriesenmischung), mit 100 ml kochendem Wasser frisch aufgebrüht
150 g gemischte Nusskerne
120 g Weizenvollkornmehl
1 TL Trockenhefe
2 TL Kakaopulver
1 TL Zimtpulver
½ TL gemahlener Kardamom
3 Gewürznelken, fein zerstoßen
1 TL Salz
1 Ei
50 ml Milch

Die Trockenfrüchte in nicht zu kleine Stücke schneiden. Mit dem noch heißen (abgeseihten) Tee übergießen und 15 Minuten ruhen lassen. Die Nusskerne grob hacken.
Das Mehl mit der Trockenhefe, dem Kakao, den Gewürzen und dem Salz in einer Schüssel mischen. Das Ei und die Milch zugeben und alles gründlich vermengen. Zuletzt die Trockenfrüchte und Nüsse zugeben und kurz unterkneten. Aus dem Teig einen länglichen Laib formen und diesen auf ein mit Backpapier ausgelegtes Backblech legen. Den Teig 45 Minuten gehen lassen.

Den Backofen rechtzeitig auf 170 °C Ober-/Unterhitze vorheizen. Das Brot 45 Minuten backen, dann auskühlen lassen. Sofort servieren oder 2–3 Tage (in Butterbrotpapier verpackt) ruhen lassen.

Schnell und ohne Aufwand

Wenn keine Zeit bleibt, eigenes Brot zu backen, überraschen Sie Ihre Gäste mit

- dünnen Grissini,
- Brotchips,
- hauchdünnem Knäckebrot,
- Papadum (knuspriges indisches Fladenbrot),
- Wan-Tan-Teigblättern oder Frühlingsrollenteig aus dem Asia-Markt (kurz in heißem Fett ausgebacken, ist es schnell zubereitet) oder
- dünnem Fladenbrot aus dem türkischen Supermarkt.

Butter und Aufstriche

Butter und Aufstriche, zusammen mit einer schönen Auswahl an Brot – und die Gäste fühlen sich gleich willkommen. Mit diesen einfachen Zutaten wird der erste kleine Hunger gestillt, die Gäste sind beschäftigt und können langsam ankommen.
Brot und Butter bleiben bei einem klassischen Menü bis zum Hauptgang stehen und werden anschließend abgetragen.

Tipp
Zum Käse kann dann noch einmal Brot gereicht werden. Hier sind auch Nussbrot und Früchtebrot (siehe Rezept Seite 26) sehr beliebt, da sie mit würzigen Käsesorten gut harmonieren. Lesen Sie mehr zum Thema Käse auf Seite 18.

Aufgeschlagene Butter mit verschiedenen Aromen

Für 4 Personen
Zubereitungszeit: 10 Minuten

Salzbutter
150 g weiche Butter
Salz

Die Butter mit 1 Prise Salz mit dem Schneebesen der Küchenmaschine oder mit dem Handrührer mindestens 5 Minuten cremig-weiß aufschlagen. In kleine Portionsschalen füllen. Dafür die Butter entweder in einen Spritzbeutel mit Loch- oder Sterntülle füllen und in die Schalen dressieren oder die Schalen bis zum Rand befüllen und die Oberfläche glatt abstreichen. Ebenso kann die Butter auf Backpapier dressiert und anschließend tiefgekühlt werden. Die Stücke dann vor dem Servieren auf kleine Teller oder Schalen geben und 10 Minuten temperieren lassen. Mit Meersalzflocken reichen.

Kräuterbutter

150 g Salzbutter
etwa 30 g frische Kräuter nach Belieben (zum Beispiel Thymian, Rosmarin, Petersilie, Schnittlauch, Kerbel)

Die Kräuter waschen, trockentupfen, holzige Stiele aussortieren. Die Kräuter fein hacken und unter die aufgeschlagene Salzbutter mischen.

Tipp
Auf Knoblauch verzichten, er bleibt lange auf der Zunge und würde die Aromen der Vorspeise überdecken. Für eine milde Knoblauchnote den Knoblauch fein hacken und in wenig Butter in einer Pfanne anschwitzen. Nach dem Abkühlen zur aufgeschlagenen Butter geben.

Gewürzbutter

Zur aufgeschlagenen Salzbutter (siehe oben) hinzufügen:
fein geriebene Schale von 1 unbehandelten Zitrone, Limette oder Orange, 2 TL fein geriebener Ingwer, 1–2 TL gerösteter und im Mörser zerstoßener Koriandersamen, Kardamom und aromatische schwarze Pfeffersorten (Tellicherry, Malabar, Kubeben, Szechuan)

Schnell und ohne Aufwand

Sowohl regionale Spezialitäten als auch landestypische Zutaten können ein Menü aufwerten, wie etwa

- französische Salzbutter aus dem Kühlregal,
- Bauernhofbutter oder
- Frischkäse pur oder mit Aromen von regionalen Bauernhöfen,
- regionale Öle.

Bei Fertigprodukten ist es wichtig, auf hochwertige Erzeugnisse zu achten, die dem Menü ebenbürtig sind.

Aufgeschlagene Crème fraîche mit Kräutern oder Gewürzen

Für 4 Personen
Zubereitungszeit: 10 Minuten

200 g Crème fraîche
Salz
zusätzlich: frische Kräuter, gehackt, oder Zitronensaft

Die Crème fraîche in der Küchenmaschine dickcremig aufschlagen. Darauf achten, die Crème fraîche nicht zu überschlagen, da sie ebenso gerinnen kann wie Schlagsahne. Mit Salz und Pfeffer würzen. Nach Belieben mit gehackten Kräutern oder Zitronensaft verfeinern.

Gewürzöl oder Kräuteröl

250 ml hochwertiges Olivenöl
Gewürze nach Belieben (etwa 2–3 Zimtstangen, 3 Sternanis, 5 Kardamomkapseln, 1 TL Pfefferkörner, 3–4 Gewürznelken, 3–4 Wacholderbeeren oder 2 cm frische Ingwerwurzel)
Kräuter nach Belieben (etwa 2–3 Zweige von Rosmarin, 6 Stängel Thymian oder Oregano, 2–3 Stängel von Salbei oder Minze)

Öl und Gewürze für das Gewürzöl bzw. Öl und Kräuterzweige für das Kräuteröl in eine trockene, saubere Flasche füllen und 1 Woche an einem dunklen Ort ziehen lassen. Nach Belieben abseihen oder länger ziehen lassen, um das Aroma im Öl zu intensivieren. Weniger ist mehr? Geht natürlich auch: Mit kalt gepresstem Olivenöl, extra vergine, und Meersalzflocken. Dabei ist allerdings die Qualität entscheidend.

Amuse-Gueule

Der kleine Willkommensgruß aus der Küche soll Appetit machen auf das, was kommt, und zeigt die Raffinesse der Küche.
Alle Vorschläge sind vegetarisch und universell einsetzbar. Die saisonale Zuordnung findet sich unter den Rezepten.

Kleine Antipasti-Variation

Gerade bei einfachen Gerichten entscheidet neben der Qualität der Produkte eine besonders liebevolle Art des Anrichtens. Für die Antipasti-Variation eignen sich kleine Teller oder Schälchen, die mit den verschiedenen Zutaten gefüllt und – auf ein Brett gestellt – serviert werden, oder jede Zutat wird einzeln auf einem länglichen, schmalen Teller angerichtet.

Für 4 Personen
Zubereitungszeit: 15 Minuten

150 g Oliven (grüne und schwarze, natur oder eingelegt)
4 Scheiben luftgetrockneter Schinken (auch Bündner Fleisch, Lardo (weißer Speck), Pancetta oder Bresaola)
4 halb getrocknete Tomatenfilets, in Öl eingelegt
200 g Antipasti (gegrillte Paprika, eingelegte Pilze, eingelegte Artischocken usw.) aus der Frischetheke
einige Zweige frische Kräuter zum Garnieren

Alle Zutaten anrichten und mit frischen Kräutern garniert servieren. Für das gesamte Jahr geeignet.

Tartelettes in drei Varianten

Servieren Sie diese kleinen Hingucker bei größeren Gesellschaften. Sie sind schnell zubereitet und bestechen durch die farbliche Komposition ganz besonders.

Für 24 Stück
Zubereitungszeit: 30 Minuten
Backzeit: 30 Minuten

Für den Teig
100 g Butter
100 g Frischkäse
200 g Weizenmehl Type 550
½ TL Salz
1–2 EL Milch
Öl für die Form

Für die Hummusfüllung
85 g gegarte Kichererbsen (aus der Dose)
1 TL gemahlener Kreuzkümmel
½ TL gemahlener Kurkuma
Saft von ½ Zitrone
1 Knoblauchzehe
Salz
frisch gemahlener Pfeffer
4 Kirschtomaten zum Garnieren

Für die Ricottafüllung
150 g Ricotta
30 g Parmesan, fein gerieben
1 kleiner Bund Rucola
1 Ei
Salz
frisch gemahlener Pfeffer

Für die Paprikafüllung
1 rote Paprikaschote
50 g Cashewkerne
2 EL Olivenöl
Salz
frisch gemahlener Pfeffer

Ein Muffinblech mit 24 Mulden mit Öl einstreichen. Den Backofen auf 180 °C Ober-/Unterhitze vorheizen.
Für den Teig die Butter mit Frischkäse, Mehl, Salz und Milch rasch verkneten. Abdecken, kalt stellen und in der Zwischenzeit die Füllungen zubereiten.
Für die Hummusfüllung Kichererbsen mit Kichererbsenwasser, Kreuzkümmel, Kurkuma, Zitronensaft, Knoblauch und 2–3 Prisen Salz fein pürieren. Mit Salz und Pfeffer abschmecken.
Für die Ricottafüllung Ricotta mit Parmesan, Rucola und Ei fein pürieren. Mit Salz und Pfeffer würzen.
Für die Paprikafüllung die Paprikaschote waschen, entkernen und das Fruchtfleisch in Stücke schneiden. Zusammen mit Cashewkernen, Olivenöl, 2–3 Prisen Salz und Pfeffer fein pürieren.
Den Teig auf der leicht bemehlten Arbeitsfläche 2–3 mm dünn ausrollen, rund (etwas größer als die Mulden des Muffinblechs) ausstechen und die Mulden damit auslegen. Jeweils acht Törtchen mit einer der Füllungen versehen. In die Kichererbsenmasse jeweils eine halbierte Kirschtomate legen. Im vorgeheizten Backofen 20 Minuten backen. Abkühlen lassen und lauwarm servieren.

Tipp
Die Tartelettes lassen sich sehr gut vorbacken. Kurz vor dem Servieren 3–5 Minuten im Backofen bei 180 °C Ober-/Unterhitze erwärmen.
Übrig gebliebene Tartelettes nach dem Backen erkalten lassen und einfrieren. Bei Zimmertemperatur auftauen lassen und im Backofen (180 °C Ober-/Unterhitze) kurz aufbacken.

Kichererbsen, Apfel, Süßkartoffel, Haselnuss

Für 4 Personen
Zubereitungszeit: 30 Minuten

Für das Hummus
1 Knoblauchzehe
130 g gegarte Kichererbsen
Saft von 1 Zitrone
1 EL Tahin (Sesampaste)
1 TL gemahlener Kreuzkümmel
Cayennepfeffer
Salz

Für die Süßkartoffeln
1 kleine Süßkartoffel
Olivenöl
Salz
frisch gemahlener schwarzer Pfeffer
1 EL Haselnusskerne

Für den Apfel
1 grüner Apfel (etwa Granny Smith)
1 Limette
1 TL Honig

Für das Hummus den Knoblauch abziehen. Die Kichererbsen samt Flüssigkeit, Knoblauch, Zitronensaft, Tahin, Kreuzkümmel, 2 Prisen Cayennepfeffer und 2–3 Prisen Salz fein pürieren. Abgedeckt beiseitestellen.
Die Süßkartoffel waschen, schälen und in vier Scheiben (etwa 1 cm dick) schneiden. Die Scheiben in einer Pfanne in etwas Olivenöl bei mittlerer Temperatur 4–5 Minuten anbraten, salzen und pfeffern. Zuletzt die Haselnüsse grob hacken, mit in die Pfanne geben und kurz anrösten.

Den Apfel waschen, entkernen und das Fruchtfleisch ungeschält in kleine Würfel schneiden. Mit Limettensaft und Honig marinieren.

Anrichten
1 EL Hummus längs auf jedem Teller verteilen und mit der Löffelspitze einmal durchziehen. Die Süßkartoffeln darauflegen und mit Haselnüssen bestreuen. Den Apfel rundum verteilen und mit etwas Olivenöl beträufeln.

Mango, Couscous, Rosinen, Feta

Für 4 Personen
Zubereitungszeit: 25 Minuten
Garzeit: 10 Minuten

100 ml Gemüsebrühe
50 g Instant-Couscous
½ Mango
Saft von ½ Limette
Salz
Zucker
¼ rote Zwiebel
½ Bund Schnittlauch
1 EL Rosinen
frisch gemahlener schwarzer Pfeffer
1 EL Olivenöl
100 g Feta
2 EL Weizenmehl Type 405
1 Ei, verquirlt
4 EL Pankobrösel
neutrales Pflanzenöl zum Braten
4 Blätter glatte Petersilie

Für den Couscous die Gemüsebrühe aufkochen und den Couscous damit überbrühen. 5 Minuten quellen lassen. Die Mango schälen und das Fruchtfleisch klein würfeln. Die Mangowürfel mit Limettensaft und je 1 Prise Salz und Zucker marinieren.
Die Zwiebel abziehen und würfeln. Den Schnittlauch waschen, trockentupfen und fein schneiden. Zwiebeln, Schnittlauch und Rosinen unter den Couscous mischen. Mit Salz und Pfeffer würzen und das Olivenöl untermischen.
Den Feta in vier gleich große Würfel schneiden und trockentupfen. Die Würfel zunächst in Mehl wenden, dann durch das Ei ziehen und in den Pankobröseln wenden. In einer Pfanne 4–5 EL Öl erhitzen und den Feta darin goldbraun und knusprig braten.

Anrichten
Den Couscous jeweils auf vier Tellern in einen Vorspeisenring füllen, dann den Ring vorsichtig hochziehen. Das Mangotatar locker darauf verteilen und je einen Fetawürfel oben aufsetzen. Mit jeweils einem Blättchen Petersilie garnieren und servieren.

Gurke, Sauerrahm, Szechuanpfeffer, Pumpernickel

Für 4 Personen
Zubereitungszeit: 30 Minuten | Ziehzeit: 30 Minuten

Für den Salat
1 Salatgurke
½ TL Salz
Saft von 1 Limette
2 Msp. Agar-Agar
1 TL Rohrohrzucker
2 EL Weißweinessig

Für die Croûtons
1 Scheibe Pumpernickel
½ TL Szechuanpfefferkörner
1–2 EL Olivenöl

Für den Sauerrahmschaum
150 g Sauerrahm
50 ml Milch
Salz
frisch gemahlener Pfeffer
2 Stängel Dill

Für den Gurkensalat die Gurke waschen, schälen und das Fruchtfleisch klein würfeln. Die Gurkenschalen und -würfel in einer Schüssel mit dem Salz mischen und 30 Minuten Wasser ziehen lassen. Das Gurkenwasser abseihen und 150 ml abmessen. Die Gurkenschalen entfernen, sie werden nicht weiterverwendet. Den Gurkensaft mit Limettensaft und Agar-Agar in einem Topf mischen. Aufkochen und 2 Minuten unter Rühren kochen lassen. Umfüllen und im Kühlschrank etwa 15–20 Minuten zu Gurken-Gel erkalten lassen. Die Gurkenwürfel mit Zucker und Essig mischen und beiseitestellen.
Für die Pumpernickel-Croûtons Pumpernickel fein zerbröseln, Szechuanpfeffer im Mörser anstoßen, beides in einer Pfanne in 1–2 EL Olivenöl anrösten.
Für den Sauerrahmschaum den Sauerrahm mit Milch und etwas Salz verrühren und in einem hohen Mixbecher mit dem Pürierstab aufschäumen. Den Dill waschen, trockentupfen, Blätter abzupfen.

Anrichten
Die Gurkenwürfel mittig auf Teller geben. Das Gurken-Gel in Tupfen um den Salat herum verteilen. Mit Pumpernickel bestreuen, Dill und frisch gemahlenen Pfeffer darum herum verteilen und zuletzt mit dem Sauerrahmschaum vollenden.

Crêpe, Kürbiscreme, Kürbiskerne

Für 4 Personen
Zubereitungszeit: 30 Minuten | Garzeit: 25 Minuten

Für die Kürbiscreme
¼ Hokkaidokürbis
1 Schalotte
2 EL Butter
Salz
frisch gemahlene Muskatnuss
frisch gemahlener schwarzer Pfeffer

Für die Crêpes
100 g Weizenmehl Type 550
1 Ei
200 ml Milch
Salz
Butter für die Pfanne

Zum Anrichten
2 EL Kürbiskerne
12 kleine Büschel Feldsalat
Walnussöl

Für die Kürbiscreme den Kürbis waschen, entkernen und würfeln. Die Schalotte abziehen und würfeln. Das Fruchtfleisch und die Schalotte in einem Topf in der Butter goldbraun anschwitzen, bis die Butter nussig duftet. Mit Salz und Muskat würzen und 100 ml Wasser angießen. Abgedeckt etwa 15–20 Minuten bei mittlerer Temperatur garen. Den weich gegarten Kürbis fein pürieren und mit Salz und Pfeffer würzen.
Für die Crêpes Mehl mit Ei, Milch und 1 Prise Salz glatt rühren. 10 Minuten ruhen lassen.
Eine Pfanne erhitzen. Mit etwas Butter einfetten, eine Kelle Teig hineingeben und durch Schwenken gleichmäßig verteilen. Die Crêpe von beiden Seiten hellgelb backen, aus der Pfanne nehmen und abkühlen lassen. Aus dem Teig drei weitere Crêpes backen.
Aus den Crêpes je drei Kreise (etwa 4 cm Durchmesser) ausstechen, mit der Kürbiscreme füllen und zu Halbmonden zusammenklappen.
Die Kürbiskerne in der noch heißen Pfanne anrösten. Den Feldsalat waschen, trockenschleudern und mit Walnussöl und 1 Prise Salz marinieren.

Anrichten
Die gefüllten Kürbiscrêpes auf Teller verteilen. Den Feldsalat dazwischen dekorieren und mit Walnussöl beträufeln. Mit Kürbiskernen bestreuen.

Rote Bete, Cranberrys, Mascarpone

Für 4 Personen
Zubereitungszeit: 20 Minuten | Garzeit: 5 Minuten

2 EL getrocknete Cranberrys
100 ml trockener Rotwein
2 EL Rotweinessig
1 TL Rohrohrzucker, plus 1 Prise zum Marinieren
1 Msp. Chiliflocken
2 kleine Knollen Rote Bete, vorgegart
1 EL Himbeeressig
1 EL Olivenöl
Salz
frisch gemahlener schwarzer Pfeffer
½ unbehandelte Zitrone
150 g Mascarpone
2 EL geräucherte Salzmandeln

Die Cranberrys mit Rotwein, Rotweinessig, Zucker und Chiliflocken zum Kochen bringen und 2–3 Minuten bei niedriger Temperatur einkochen. Zum Abkühlen beiseitestellen.
Die Rote Bete würfeln und in einer Schüssel mit Himbeeressig, Olivenöl, 1 Prise Zucker, Salz und Pfeffer marinieren.
Die Zitrone heiß waschen, trockentupfen und die Schale fein abreiben. Den Mascarpone mit Zitronenschale, einem Spritzer Zitronensaft und etwas Salz und Pfeffer schaumig rühren und in einen Spritzbeutel mit Lochtülle füllen.
Die geräucherten Mandeln klein hacken.

Anrichten
Den Rote-Bete-Salat auf Teller verteilen. Die Cranberrys mit dem Sud um den Salat setzen. Die Mascarponecreme in einem länglichen Streifen neben den Salat geben und mit den gerösteten Mandeln bestreut servieren.

Kräuter-Sablés, Cheddar, Frischkäse, Preiselbeeren

Für 4 Personen
Zubereitungszeit: 30 Minuten | Ruhezeit: 30 Minuten
Backzeit: 15 Minuten

Für die Sablés
1 Zweig Rosmarin
3 Zweige Thymian
100 g Weizenmehl Type 550
60 g Butter
1 Eigelb
Salz
50 g Cheddarkäse

Für die Füllung
100 g Frischkäse
2 EL Milch
Salz
frisch gemahlener schwarzer Pfeffer
3 EL Preiselbeeren aus dem Glas
1 Msp. Chiliflocken

Zum Anrichten
2–3 essbare Blütenköpfe (etwa Gänseblümchen, Ringelblumen, Veilchen)

Für den Teig die Kräuter waschen, trockentupfen und fein hacken. Zusammen mit Mehl, Butter, Eigelb und 2 Prisen Salz zu einem Mürbeteig verkneten. Abgedeckt 30 Minuten kalt stellen.
Den Backofen auf 200 °C Ober-/Unterhitze vorheizen. Ein Backblech mit Backpapier auslegen. Den Teig auf der leicht bemehlten Arbeitsfläche 3 mm dick ausrollen, Kreise (3 cm Durchmesser) ausstechen und auf dem Backblech verteilen. Mit einer Gabel mehrfach einstechen und den Cheddar darüberstreuen. Die Sablés im vorgeheizten Backofen 12–15 Minuten goldgelb backen. Auskühlen lassen.
Für die Füllung den Frischkäse mit der Milch glatt rühren und mit Salz und Pfeffer würzen.
Die Preiselbeeren zerdrücken, durch ein feines Sieb streichen und mit den Chiliflocken verfeinern.

Anrichten
Die Sablés auf einer Platte auslegen. Je einen großzügigen Tupfen Frischkäse daraufsetzen und die Preiselbeersauce darüberträufeln. Mit den abgezupften Blütenblättern bestreuen.

Polenta, Aprikosen, Tomaten, Räuchertofu, Sesam

Für 4 Personen
Zubereitungszeit: 30 Minuten | Garzeit: 20 Minuten

Für das Kompott
1 Tomate
3 Aprikosen
1 Schalotte
1 EL Olivenöl
1 TL Zucker
1 TL Tomatenmark
1 EL Weißweinessig
1 Sternanis
Chiliflocken

Für die Polenta
200 ml Gemüsebrühe
Salz
50 g Polentagrieß
Muskatnuss
20 g Parmesan, fein gerieben
1 EL Butter
4 EL Semmelbrösel
3 EL Olivenöl

Für den Sesamtofu
100 g Räuchertofu
2 EL Sesamsamen
1 EL Olivenöl
Salz
frisch gemahlener schwarzer Pfeffer

Zum Anrichten
1 Stange Frühlingslauch

Für das Kompott die Tomate und die Aprikosen waschen. Die Aprikosen entkernen, Blütenansatz der Tomate herausschneiden. Die Schalotte abziehen und zusammen mit der Tomate und den Aprikosen in feine Würfel schneiden. 1 EL Olivenöl in einer Pfanne erhitzen und die vorbereiteten Zutaten darin anschwitzen. Zucker, Tomatenmark, Essig, Sternanis und einige Chiliflocken zugeben. Bei mittlerer Temperatur etwa 10 Minuten leise köcheln lassen. Abgedeckt beiseitestellen und bis zum Servieren ziehen lassen.
Für die Polenta die Gemüsebrühe aufkochen, salzen und den Polentagrieß einrühren. Bei kleinster Temperatur 5 Minuten unter Rühren quellen lassen. Vom Herd nehmen, Parmesan und Butter einrühren und in eine flache Form füllen. Abdecken und vollständig erkalten lassen. Dann die Polenta in Würfel schneiden, diese in Semmelbröseln wenden und in 3 EL Olivenöl von beiden Seiten knusprig braten.
Für den Sesamtofu den Räuchertofu zerbröseln und mit dem Sesam in einer Pfanne in 1 EL Olivenöl anbraten. Mit Salz und Pfeffer würzen.
Den Frühlingslauch waschen, putzen und in hauchdünne Ringe schneiden.

Anrichten
Die Polentaschnitten auf Teller legen und mit der Tofu-Sesam-Mischung bestreuen. Das Aprikosen-Tomaten-Kompott danebensetzen und mit den Frühlingslauchringen bestreuen.

EXTRA SORBET

SORBETS

Sorbets sind reine Fruchtzubereitungen, ohne Milchprodukte oder Ei. Im Menü bieten sie sich an, um den Gaumen zu erfrischen, eine Pause einzulegen und auf die Hauptspeise vorzubereiten – in der Küche und am Tisch. Im Folgenden finden Sie drei Grundrezepte, die Sie nach Belieben abwandeln können. Je nach verwendeter Obstsorte, Gewürzen oder Aromaten entstehen immer neue Varianten.

Tipps zum perfekten Sorbet

- Verwenden Sie immer saisonale, reife Früchte, sie besitzen reichlich Fruchtzucker und Aroma. Nach Bedarf während der Saison Früchte einfrieren.

- Das Fruchtpüree nach Belieben durch ein Sieb streichen, dann wird die Sorbetmasse besonders feincremig.

- Bei Beeren mit Kernen, wie Himbeeren, im mittleren Drehzahlbereich der Küchenmaschine arbeiten, da die fein zerkleinerten Kerne bitter werden können.

- Die Sorbetmasse am besten am Vortag zubereiten und erkalten lassen. In der Eismaschine 2–3 Stunden vor dem Menü gefrieren lassen und anschließend im Gefrierfach lagern. So erhält sie zum Servieren ihre optimale Konsistenz.

- Falls das Sorbet zu fest gefroren sein sollte, schneiden Sie das Sorbet in Stücke und rühren Sie es in der Küchenmaschine geschmeidig.

- Den benötigten Zuckersirup nennt man auch Läuterzucker. Er kann mit Gewürzen, Streifen von Zitrusschalen, Kaffeebohnen und Kräutern aromatisiert werden. Diese einfach in den heißen Sirup legen. Während des Abkühlens geht das Aroma in den Läuterzucker über.

- Zum »Würzen« der Sorbets bestens geeignet sind: frisch geriebene Zitrusschale von unbehandelten Früchten, Vanille, Zimt, Sternanis, Zitronengras (etwas geklopft), Ingwerscheiben oder fein geriebener Ingwer, Tonkabohne, gemörserter Pfeffer, Koriander, Wacholder, Anis, Fenchel, Kaffeebohnen oder auch Kräuter, wie Minze, Thymian, Rosmarin, Zitronenmelisse, Salbei. Experimentieren Sie gerne.

- Besonders süße Früchte durch etwas zusätzlichen Zitronensaft ergänzen.

- Fügen Sie dem Sorbetrezept Gelatine hinzu, schmilzt es beim Anrichten nicht so schnell und Sie können in Ruhe servieren. Dazu 2 Blatt Gelatine 10 Minuten in kaltem Wasser einweichen. Die Gelatine gut ausdrücken und in 2–3 EL erhitztem Fruchtpüree auflösen. Unter die Sorbetmasse mischen und wie beschrieben gefrieren lassen.

Fruchtsorbet

Für 6 Personen
Zubereitungszeit: 20 Minuten
Kühlzeit: 5–6 Stunden

150 g Zucker
400 g vorbereitete Früchte

In einem Topf 100 ml Wasser lauwarm erwärmen, den Zucker zugeben und darin auflösen. Die Mischung nun einmal aufkochen und mit dem Stabmixer pürieren. Zuckersirup erkalten lassen. Anschließend die vorbereiteten Früchte zunächst fein pürieren, dann den Zuckersirup zugeben und ebenfalls kurz untermixen. Die Masse in der Eismaschine cremig gefrieren lassen. Das fertige Sorbet in einen vorher eingefrorenen Vorratsbehälter füllen und abgedeckt im Gefrierfach aufbewahren. Das Sorbet innerhalb von 1–2 Tagen verbrauchen.

Früchte:
Alle Beeren (Erdbeeren, Himbeeren, Heidelbeeren, Johannisbeeren, Brombeeren), Mango, Ananas, Birne, Apfel, Melonen, Zwetschgen, Kirschen, Nektarinen, Pfirsiche, Rhabarber usw.

Blitzsorbet

etwa 400 g tiefgefrorenes Obst, vorbereitet in Stücken
50–100 g Zucker (nach Geschmack und Frucht, TK-Obst ist meist schon gezuckert, siehe Packungsaufschrift)
150–200 ml Flüssigkeit (etwa Fruchtsaft, Kokoswasser, Kokosmilch)

In einem Hochleistungsmixer die tiefgefrorenen Früchte mit Zucker und der Flüssigkeit so lange pürieren, bis eine cremige Konsistenz entstanden ist. Zwischendurch die Zutaten von den Seiten nach unten zum Schneidmesser schieben, so bleiben keine Stückchen übrig. Entweder sofort servieren oder 1–2 Stunden im Gefrierfach aufbewahren.

Sorbet mit aromatisierten Flüssigkeiten

Für 6 Personen
Zubereitungszeit: 20 Minuten
Kühlzeit: 5–6 Stunden

150 g Zucker
200 ml Flüssigkeit (etwa frisch gepresster Zitronensaft, Orangensaft, Limetten- oder Grapefruitsaft, Kokoswasser, gebrühter starker Kaffee, Tee oder Kräuter- und Früchtetee u. Ä.)
30–50 ml Alkohol (etwa Liköre oder Schnäpse)

In einem Topf 100 ml Wasser lauwarm erwärmen, den Zucker zugeben und darin auflösen. Die Mischung nun einmal aufkochen und mit dem Stabmixer pürieren. Zuckersirup erkalten lassen. Anschließend die gewünschte Flüssigkeit zugeben und kurz untermixen. Nach Belieben einen Alkohol zufügen. Die Masse in der Eismaschine cremig gefrieren lassen. Das fertige Sorbet in einen vorher eingefrorenen Vorratsbehälter füllen und abgedeckt im Gefrierfach aufbewahren. Das Sorbet innerhalb von 1–2 Tagen verbrauchen.

Welches Sorbet passt zu meinem Menü?

Richten Sie sich am besten nach der Jahreszeit.

- **Frühling** – frische, zitrusbetonte Aromen sind perfekt, Früchte der Saison
  Zitrone, Limette, Ingwer, Rhabarber, Erdbeeren, Matcha oder andere Grüntees

- **Sommer** – fruchtig und aromatisch darf es sein
  Alle Sommerfrüchte und Beeren, bestens unterstützt durch Gewürze wie Ingwer, Vanille, Tonkabohne, Kardamom, frische Kräuter (auch mitpüriert)

- **Herbst** – fruchtig mit warmen Aromen gepaart
  Zitrusfrüchte, Zwetschge, Ingwer, Schwarztee und Früchtetee, Birne, Apfel, Fruchtsäfte, Zimt, Sternanis, Rosmarin, Thymian

- **Winter** – auch hier dürfen säuerliche Früchte und Säfte nicht fehlen, ergänzt werden sie durch erdige und warme Aromen
  Zitrusfrüchte, auch Blutorange (etwa ab Januar/Februar), Birne, Apfel; Kaffee-, Kräuter- und Gewürznoten, Ingwer, Sternanis, Zimt, Pfeffer

Bei all den Varianten – mit einem Zitronensorbet liegen Sie immer richtig!

WELCHES SORBET IN WELCHEM MENÜ?

Im Rezeptkapitel finden Sie bei jedem Menü, das ein Sorbet enthält, einen entsprechenden Verweis. Sie können entweder eines der hier vorgeschlagenen Sorbets zubereiten oder entsprechend den Inspirationen auf Seite 42–43 ein anderes Sorbet kreieren – ganz nach Lust und Laune, der Fantasie sind keine Grenzen gesetzt …

FRÜHLING

Valentinsmenü

Limettensorbet oder Zitronensorbet
Als Sorbet mit aromatisierten Flüssigkeiten, mit Limettensaft oder Zitronensaft zubereiten

Kräutermenü

Mangosorbet
Als Blitzsorbet, mit gefrorenen Mangostücken, Blättchen von 3 Stängeln Zitronenthymian zum Gefrieren mit in die Eismasse geben

Nordish by Nature

Ingwer-Matcha-Sorbet
Das Sorbet mit aromatisierten Flüssigkeiten, Matcha-Tee, zusätzlich Saft von 1 Zitrone und 2 TL frisch geriebenem Ingwer zubereiten

Vegane Frühlingsgenüsse

Erdbeer-Basilikum-Sorbet
Als Fruchtsorbet mit Erdbeeren zubereiten, zusätzlich 6–8 Basilikumblätter hacken und kurz vor Ende unter das gefrorene Sorbet mischen

SOMMER

Mediterran genießen

Kirsch-Rosmarin-Sorbet
Als Fruchtsorbet mit Kirschpüree plus klein gehackten Nadeln von 1 Rosmarinzweig zubereiten

HERBST

Das herbstliche Trüffelmenü

Orangen-Chai-Sorbet
Als Sorbet mit aromatisierten Flüssigkeiten zubereiten: mit frisch gepresstem Orangensaft, 3 TL Chai-Gewürztee im heißen Zuckersirup 30 Minuten ziehen lassen und abseihen

Fernöstliche Genüsse

Mandarinen-Kaffee-Sorbet
Als Sorbet mit aromatisierten Flüssigkeiten zubereiten: frisch gepresster Mandarinensaft, 2 EL Kaffeebohnen im heißen Zuckersirup ziehen lassen, vor dem Gefrieren abseihen

Herbst in Frankreich

Himbeer-Lavendel-Sorbet
Als Blitzsorbet zubereiten: mit gefrorenen Himbeeren; ½ TL getrocknete, zerriebene Lavendelblüten zugeben und mitgefrieren lassen

Gourmethimmel Austria

Da im Dessert bereits ein Sorbet serviert wird, reichen Sie hier zur Abwechslung »Frozen Joghurt Bites«. Dafür 150 g Naturjoghurt (10 % Fettgehalt) mit 3 EL Orangen- oder Zitronenmarmelade verrühren. In Silikonförmchen (zum Beispiel für Eiswürfel oder Konfekt) füllen. 2–3 Stunden gefrieren lassen.

WINTER

Kraut und Rüben

Grapefruit-Sorbet
Als Sorbet mit aromatisierten Flüssigkeiten zubereiten: frisch gepresster Grapefruitsaft, 2–3 Sternanis und 1 TL Koriandersaat im heißen Zuckersirup ziehen lassen, vor dem Gefrieren abseihen

Silvester

Ananas-Zitronengras-Sorbet
Als Fruchtsorbet mit pürierter Ananas zubereiten; 2 Stängel Zitronengras (leicht abgeklopft) im heißen Zuckersirup ziehen lassen, vor dem Gefrieren entfernen

DIE MEN ÜS

FRÜHLING

Ostermenü

Strudelteigblüten mit Avocado und Spargel

Lammkeule mit Orangen-Karotten und geröstetem Bulgur

Vanille-Crème brûlée mit Safranäpfeln

Valentintagsmenü – Ein Dinner für zwei

Rosmarin-Tartelettes mit weißer Tomatenmousse und Bacon-Marmelade

Würziger Pilzsud mit knusprigen Parmesantaschen

Gebratene Rotbarbe auf cremigen Paprika-Risoni und Schnittlauchöl

Sorbet

Lammhüfte »sous vide« mit Portweinsauce, gebratene Polenta und Rübchen

Mini-Biskuitrolle mit Nougat und Mango

Das ultimative Blitzmenü für den Frühling

Schnelle Curryschaumsuppe

Zitroniges Ofen-Risotto mit Garnelen

Eis-Sandwich

Kräutermenü

Pochiertes Ei, Knoblauchcrostini und Petersilienpesto

Basilikum-Cappuccino mit confierten Tomaten

Offene Lasagne mit gegrillten Zucchini, Zitronenthymian-Creme und Brunnenkresse

Sorbet

Gebackene Auberginen auf Paprika-Sugo

Minz-Parfait mit Honig-Walnuss-Karamell

Frühlingsboten: Spargel | Rhabarber | Erdbeeren

Spargel-Tempura mit Bärlauch-Aioli und Lachs-Tataki

Gegrilltes Flat-Iron-Steak mit Rhabarber-Chutney und Kartoffel-Radieschen-Salat

Erdbeerknödel, geeister Joghurt und Limoncello-Sirup

Nordish by Nature

Gebratene Kopfsalatherzen mit Kartoffel-Dill-Mayonnaise und Wachtelei

Gegrillter grüner Spargel auf Erbsen-Minz-Creme und Zitronen-Buchweizen

Kabeljau-Frikadellen in Gremolata-Butter und gerösteter Blumenkohl

Sorbet

Kräuterseitlinge in Rotweinzwiebeln und Armer Ritter aus Roggenbrot

Marinierte Erdbeeren mit Kokosstreuseln und Skyr-Schaum

Vegane Frühlingsgenüsse

Buchweizen-Crêpes mit grünem Spargelsalat, Sonnenblumencreme und Blüten

Brunnenkresse-Gnocchi, glasierte Radieschen und Tahin-Safran-Sauce

Sorbet

Würzige Tofuschnitten und süßsaure Belugalinsen im Gemüsesud

Cheesecake-Schnitten mit Rhabarber und Himbeersauce

Kommunionsmenü

Festtagssuppe

Schmorbraten mit Semmelknödeln und Pfifferlingen

Kommunionstörtchen

STRUDELTEIGBLÜTEN MIT AVOCADO UND SPARGEL

Für 6 Personen
Zubereitungszeit: 40 Minuten
Backzeit: 12 Minuten

ZUTATEN

FÜR DIE STRUDELTEIGBLÜTEN

50 g Butter, plus mehr für die Form
1 Strudelteigblatt (30 × 30 cm, aus dem Kühlregal)

FÜR DIE CREMES

1 reife Avocado
½ Bund Koriander
3 EL Sauerrahm
Saft von ½ Zitrone
Salz
frisch gemahlener schwarzer Pfeffer
1 frische Meerrettichwurzel (etwa 2 cm lang)
1 EL Honig

FÜR DEN SALAT

10 Stangen weißer Spargel
2 EL Weißweinessig
2 EL Olivenöl
1 TL milder Senf
Zucker
50 g Pecannüsse
4 Zweige Thymian

ZUBEREITUNG

Den Backofen auf 180 °C Ober-/Unterhitze vorheizen. Für die Strudelteigblüten die Butter in einem kleinen Topf schmelzen.
Zwölf Mulden eines Mini-Muffinblechs mit etwas Butter einfetten. Den Strudelteig auf der Arbeitsfläche ausbreiten und in Quadrate à 5 × 5 cm schneiden. Jedes Quadrat mit Butter einstreichen und jeweils zwei Blätter versetzt aufeinanderlegen, in die Mulden des Muffinblechs legen, behutsam andrücken und im vorgeheizten Backofen 10–12 Minuten knusprig backen. Sollten die Ecken zu schnell bräunen, die Backofentemperatur um 20 °C senken und die Strudelblüten mit Backpapier abdecken.

Für die Füllungen die Avocado halbieren, den Kern entfernen und das Fruchtfleisch aus der Schale heben. Für die erste Avocadocreme den Koriander waschen, trockentupfen und die Blätter abzupfen. Eine Hälfte der Avocado mit Sauerrahm, 1 EL Zitronensaft und Koriander fein pürieren. Mit Salz und Pfeffer abschmecken.

Für die zweite Avocadocreme den Meerrettich schälen, waschen und fein reiben. Die übrige Avocadohälfte mit Meerrettich, Honig und etwas Zitronensaft fein pürieren. Mit Salz und Pfeffer würzen.

Für den Salat den Spargel waschen, schälen und in dünne Scheiben hobeln. In einer Schüssel Essig, Öl, Senf und 1 Prise Zucker verrühren, die Spargelscheiben unterheben und mit Salz würzen. Die Pecannüsse hacken, den Thymian waschen, trockentupfen, die Blätter abzupfen. Beides zum Spargelsalat geben.

ANRICHTEN

Den Spargelsalat auf Teller verteilen. Je zwei Strudelblüten dazusetzen und mit je einer Sorte Avocadocreme füllen. Die Avocado-Koriander-Creme mit Korianderblättern garnieren. Über die Avocado-Meerrettich-Creme etwas Meerrettich hobeln und servieren.

LAMMKEULE MIT ORANGEN-KAROTTEN UND GERÖSTETEM BULGUR

Für 6 Personen
Zubereitungszeit: 1 Stunde
Garzeit: 6 Stunden 30 Minuten

ZUTATEN

FÜR DAS FLEISCH

1 Lammkeule (mit Knochen, etwa 2 kg)
4–5 EL Olivenöl
1 Bund Suppengemüse
1 Zwiebel
2 EL feiner Dijonsenf
2 EL Honig
Salz
frisch gemahlener schwarzer Pfeffer
2 EL Tomatenmark
2 Lorbeerblätter
3 Pimentkörner
250 ml trockener Rotwein
50 g kalte Butterwürfel

FÜR DIE BEILAGE

200 g Bulgur
300 ml Gemüsebrühe
2 EL geröstetes Sesamöl
2 TL Sesamsamen
1 Zimtstange
Salz
frisch gemahlener schwarzer Pfeffer
1 Bund Schnittlauch

FÜR DAS GEMÜSE

1 Bund junge Karotten
1 EL Butter
2 unbehandelte Orangen
2 Kardamomkapseln
Salz
frisch gemahlener schwarzer Pfeffer

ZUBEREITUNG

Den Backofen auf 120 °C Ober-/Unterhitze vorheizen. Die Lammkeule trockentupfen und mit 2–3 EL Olivenöl einstreichen. In einem stark erhitzten Bräter von allen Seiten kurz und kräftig anbraten. Suppengemüse und Zwiebel (mit Schale) waschen, putzen und alles in Stücke schneiden. Senf und Honig verrühren. Die Keule aus dem Bräter nehmen, auf eine Platte legen und mit der Senf-Honig-Mischung bestreichen. Rundum mit Salz und Pfeffer würzen.

2 EL Olivenöl im Bräter erhitzen und Gemüse und Zwiebeln darin 5 Minuten braun anbraten. Das Tomatenmark unterrühren und dunkel anrösten. Mit 150 ml kaltem Wasser ablöschen, die Röststoffe vom Topfboden lösen und einkochen lassen. Den Ansatz wieder dunkel anrösten und mit weiteren 150 ml Wasser ablöschen. Den Röstvorgang wiederholen. Die Lammkeule auf das Gemüse legen. Lorbeerblätter und Pimentkörner dazugeben. Den Rotwein und 500 ml Wasser seitlich angießen. Bei aufgesetztem Deckel im vorgeheizten Backofen auf dem untersten Einschub 5–6 Stunden schmoren. Die Keule ist fertig, wenn eine Kerntemperatur von 75 °C erreicht ist.

Für die Beilage den Bulgur mit der kalten Gemüsebrühe übergießen und 2 Stunden quellen lassen. Anschließend das Sesamöl in einer Pfanne erhitzen und Bulgur und Sesam darin anrösten. Die Zimtstange zerbrechen und zum Braten mit in die Pfanne geben. Den Bulgur mit Salz und Pfeffer würzen. Schnittlauch waschen, trockentupfen, fein schneiden und unter den Bulgur mischen.

Für das Gemüse die Karotten waschen, schälen und längs vierteln. In der Butter anschwitzen. Eine unbehandelte Orange waschen, trockentupfen und die Schale einer Hälfte fein abreiben. Den Saft beider Orangen auspressen. Die Samen aus den Kardamomkapseln herauslösen und im Mörser leicht zerstoßen. Orangenschale, -saft und Kardamom zu den Karotten geben, salzen, pfeffern und etwa 5 Minuten abgedeckt bissfest garen.

Die Lammkeule aus der Sauce heben. Das Fleisch vom Knochen lösen, in Scheiben schneiden und abgedeckt warm stellen. Die Sauce durch ein Sieb passieren, 5 Minuten einkochen. Mit der kalten Butter binden und mit Salz würzen.

ANRICHTEN

Den Bulgur auf Teller verteilen, die Karotten dazulegen und mit Orangensud beträufeln. Das Fleisch zum Bulgur geben und mit Sauce überziehen.

VANILLE-CRÈME BRÛLÉE MIT SAFRANÄPFELN

Für 6 Personen
Zubereitungszeit: 30 Minuten
Garzeit: 45 Minuten
Ziehzeit: 12 Stunden

ZUTATEN

FÜR DIE CRÈME BRÛLÉE

1 Vanilleschote
6 Eigelb
50 g Zucker
1 Prise Salz
300 g flüssige süße Sahne
300 ml Milch
4 EL Rohrohrzucker

FÜR DIE ÄPFEL

4 kleine säuerliche Äpfel
50 g Zucker
300 ml Weißwein
etwa 10–15 Safranfäden

ZUBEREITUNG

Den Backofen auf 100 °C Ober-/Unterhitze vorheizen. Für ein Wasserbad ein tiefes Backblech in den Ofen schieben und 2–3 cm hoch mit warmem Wasser befüllen.

Für die Crème brûlée die Vanilleschote längs aufschneiden, das Mark der Vanille auskratzen. Das Eigelb mit Vanillemark, Zucker, Salz, Sahne und Milch in einer Schüssel mit dem Schneebesen verrühren. Im heißen Wasserbad unter Rühren etwa 5–8 Minuten lang auf 75 °C erhitzen. Am besten mit einem Küchenthermometer überprüfen. Die Mischung durch ein feines Sieb seihen, in sechs flache ofenfeste Dessertschalen füllen, in das tiefe Ofenblech setzen und im vorgeheizten Backofen 45–50 Minuten stocken lassen. Herausnehmen, 30 Minuten bei Zimmertemperatur abkühlen lassen, anschließend im Kühlschrank erkalten lassen.

Für das Kompott die Äpfel waschen, vierteln, schälen und entkernen. Die Apfelviertel in Spalten schneiden. In einem kleinen Topf den Zucker karamellisieren und mit Weißwein ablöschen. Den Safran zugeben und die Mischung bei mittlerer Temperatur 5–8 Minuten einkochen lassen. Die Apfelstücke zugeben und 5 Minuten darin weich garen. Die Spalten im Sud über Nacht ziehen lassen.

ANRICHTEN

Die Crème brûlée 1 Stunde vor dem Servieren aus dem Kühlschrank nehmen. Kurz vor dem Servieren mit Rohrohrzucker bestreuen und mit einem Bunsenbrenner abflämmen. Zusammen mit den Safranäpfeln und dem Safransud servieren.

ROSMARIN-TARTELETTES MIT WEISSER TOMATENMOUSSE UND BACON-MARMELADE

Für 2 Personen
Zubereitungszeit: 1 Stunde
Backzeit: 20 Minuten

ZUTATEN

FÜR DIE TARTELETTES

50 g Butter, plus mehr für die Form
1 Zweig Rosmarin
100 g Weizenmehl Type 550
50 g Frischkäse
1 EL Milch
Salz
Backperlen oder trockene Hülsenfrüchte zum Blindbacken

FÜR DIE MOUSSE

500 g sehr reife Tomaten
1 Schalotte
1 Knoblauchzehe
2 Stängel Basilikum
2 EL weißer Balsamico
1 TL Zucker
Salz
2 Blatt weiße Gelatine
100 g flüssige Sahne

FÜR DIE MARMELADE

100 g Frühstücks-Bacon
3 Schalotten
3 Zweige Thymian
1 EL Honig
2 EL Aceto balsamico
Salz
frisch gemahlener schwarzer Pfeffer

ZUM ANRICHTEN

feine Blattsalatmischung (verschiedene Sorten Pflücksalat)

ZUBEREITUNG

Den Backofen auf 180 °C Ober-/Unterhitze vorheizen.

Für die Tartelettes zwei Tartelette-Formen (6–8 cm Durchmesser) mit Butter einfetten. Den Rosmarin waschen, trockentupfen, die Nadeln abzupfen und fein hacken. Für den Teig das Mehl mit Butter, Frischkäse, Milch, 2 Prisen Salz und Rosmarin zu einem glatten Teig verkneten. Den Teig halbieren, auf Größe der beiden Backformen ausrollen und in die Formen legen. Die Ränder andrücken und glatt formen. Backpapier auf dem Teig auslegen und mit Backperlen oder Hülsenfrüchten beschweren. Im vorgeheizten Backofen 15 Minuten vorbacken. Anschließend Backperlen und Backpapier entfernen und die Böden weitere 5 Minuten fertig backen. Auskühlen lassen.

Für die Mousse die Tomaten waschen, Strunk entfernen und grob würfeln. Schalotten und Knoblauch abziehen und vierteln. Basilikum waschen. Tomaten, Schalotten, Knoblauch, Basilikum, Balsamico, Zucker, 2–3 Prisen Salz und 100 ml Wasser in einer Schüssel mischen. 2–3 Stunden bei Zimmertemperatur Saft ziehen lassen. Anschließend die Mischung im Standmixer oder mit dem Stabmixer nicht zu fein pürieren. Ein Sieb mit einem Passiertuch auslegen und die Mischung darin abseihen. Den Saft nur abtropfen lassen, ohne auszudrücken, so bleibt er klar. 250 ml Saft abmessen. Die Gelatine 10 Minuten in kaltem Wasser einweichen. Die Sahne steif schlagen. 3–4 EL Tomatensaft in einem kleinen Topf erhitzen, die gut ausgedrückte Gelatine darin auflösen und zum übrigen Tomatensaft geben. Die Mischung in den Kühlschrank stellen. Gelegentlich umrühren und sobald die Flüssigkeit deutlich zu gelieren beginnt, die Sahne unterheben. Die Mousse auf die Tartelettes verteilen, kalt stellen und fest werden lassen.

Für die Marmelade den Bacon würfeln und in einer Pfanne bei mittlerer Temperatur auslassen und knusprig braten. Die Schalotten abziehen und würfeln. Den Thymian waschen, trockentupfen und die Blätter abzupfen. Schalotten, Thymian und Honig zum Bacon geben und 5–8 Minuten garen. Mit Aceto balsamico ablöschen, mit Salz und Pfeffer würzen und sämig einkochen lassen. Zum Abkühlen umfüllen. Die Salatblätter verlesen, gründlich abbrausen und trockentupfen.

ANRICHTEN

Die Tartelettes auf vier Teller geben. Je eine Nocke Bacon-Marmelade daraufgeben und die Salatblätter locker um die Tartelettes verteilen.

WÜRZIGER PILZSUD MIT KNUSPRIGEN PARMESANTASCHEN

Für 2 Personen
Zubereitungszeit: 45 Minuten
Garzeit: 1 Stunde 15 Minuten

ZUTATEN

FÜR DEN PILZSUD

20 g getrocknete Pilze (etwa Steinpilze, Champignons, Morcheln)
1 Zwiebel
1 Stück Ingwer (3 cm lang)
1 Bund Suppengemüse
1 EL Olivenöl
1 Lorbeerblatt
3 Pimentkörner
2 Stängel Petersilie
30 ml Wermut
1 Tomate
Salz
Zucker
100 g frische kleine Pilzköpfe (etwa Champignons)
2 TL Butter
Salz

FÜR DIE TEIGTASCHEN

2 EL Sonnenblumenkerne
20 g Parmesan am Stück
1 Ei
Salz
frisch gemahlener schwarzer Pfeffer
Cayennepfeffer
neutrales Pflanzenöl zum Ausbacken
4 Wan-Tan-Blätter

ZUM ANRICHTEN

2 EL Sprossen (etwa Alfalfa)

ZUBEREITUNG

Die Pilze in 100 ml lauwarmem Wasser einweichen. Die Zwiebel abziehen und grob würfeln. Den Ingwer schälen und hacken. Das Suppengemüse gründlich waschen, putzen und würfeln. Die vorbereiteten Zutaten zusammen mit den abgegossenen Pilzen (Einweichwasser aufbewahren) in einem Topf im heißen Olivenöl anschwitzen. Lorbeerblatt, Piment und Petersilie zugeben und mit Wermut ablöschen. Mit 1 l Wasser und dem Einweichwasser aufgießen, die halbierte Tomate zugeben und langsam aufwallen lassen. Aufsteigenden Schaum abschöpfen. Die Brühe mit ½ TL Salz würzen und 1 Stunde abgedeckt sieden lassen. Dann den Sud durch ein feines Sieb seihen, erneut aufkochen, 10 Minuten köcheln lassen und mit Salz und etwas Zucker abschmecken. Die geputzten Pilze in einer Pfanne in der Butter braun anbraten. Mit Salz würzen.

Für die Teigtaschen die Sonnenblumenkerne in einer Pfanne anrösten. Umfüllen und abkühlen lassen. Den Parmesan mit den Sonnenblumenkernen fein hacken. Das Ei trennen, das Eiweiß kalt stellen. Das Eigelb und die Parmesanmischung miteinander verrühren, mit Salz, Pfeffer und 1 Prise Cayennepfeffer würzen. Die Füllung kalt stellen. In einem schmalen Topf 2–3 cm hoch Öl auf etwa 170 °C erhitzen. Die Wan-Tan-Blätter mit der Parmesanmasse füllen. Die Ränder mit Eiweiß bestreichen und über Eck zusammenfalten. Ränder gut andrücken. Im heißen Öl knusprig backen. Auf Küchenpapier abtropfen lassen und leicht salzen.

ANRICHTEN

Den Pilzsud auf tiefe Teller verteilen, die Pilze hineinlegen und mit Sprossen bestreuen. Die knusprigen Teigtaschen dazu servieren.

GEBRATENE ROTBARBE AUF CREMIGEN PAPRIKA-RISONI UND SCHNITTLAUCHÖL

Für 2 Personen
Zubereitungszeit: 25 Minuten
Garzeit: 20 Minuten

ZUTATEN

FÜR DIE RISONI

1 gelbe Paprika
1 EL Olivenöl
Salz
frisch gemahlener schwarzer Pfeffer
300 ml Gemüsebrühe
1 Schalotte
1 EL Butter
100 g Risoni
50 ml Weißwein
40 g Parmesan
50 g flüssige Sahne

FÜR DEN FISCH

4 Rotbarbenfilets, mit Haut, entgrätet
1 EL Olivenöl
3 Zweige Thymian
½ TL Szechuanpfefferkörner
½ Limette

FÜR DAS SCHNITTLAUCHÖL

1 Bund Schnittlauch
100 ml neutrales Pflanzenöl

ZUM ANRICHTEN

Meersalzflocken

ZUBEREITUNG

Für die Risoni die Paprika waschen, entkernen und grob würfeln. In einem Topf in 1 EL Olivenöl anschwitzen und mit Salz und Pfeffer würzen, Gemüsebrühe angießen und die Paprika 10 Minuten weich kochen. Anschließend pürieren und die Mischung durch ein feines Sieb passieren. Die Schalotte abziehen und würfeln. In einem Topf in der Butter anschwitzen. Die Risoni zugeben und ebenfalls anschwitzen. Mit Weißwein ablöschen und kurz aufkochen. Nun den Paprikafond angießen und die Risoni bei mittlerer Temperatur unter gelegentlichem Rühren 10 Minuten (bitte Packungsangabe vergleichen, Garzeit: individuell anpassen) al dente garen.

Für den Fisch die Rotbarbenfilets trockentupfen und die Haut zwei- bis dreimal leicht einschneiden. 1 EL Olivenöl in einer Pfanne erhitzen und die Filets auf der Hautseite 1 Minute scharf anbraten. Den Thymian waschen, trockentupfen, Blätter abzupfen. Die Pfanne vom Herd nehmen, den Szechuanpfeffer und Thymian einstreuen, mit Limettensaft beträufeln und die Filets gar ziehen lassen.

Für das Öl den Schnittlauch waschen und trockentupfen. In kleine Röllchen schneiden und mit dem Öl in einem Standmixer sehr fein pürieren. Das Öl durch ein Haarsieb seihen und auffangen. Das Schnittlauchöl zum Aufbewahren in ein sauberes Schraubglas füllen und im Kühlschrank aufbewahren.

Die Risoni mit Salz und Pfeffer würzen. Die Sahne halbsteif schlagen, den Parmesan reiben und beides in die Risoni rühren.

ANRICHTEN

Die Risoni in tiefe Teller füllen und jeweils ein Rotbarbenfilet darauflegen. Die Szechuanpfefferkörner und einige Meersalzflocken auf den Filets verteilen. Zuletzt etwas Schnittlauchöl über das Gericht träufeln und servieren.

SORBET

Nach dem Zwischengericht ein Sorbet servieren, siehe Seite 44–45.

LAMMHÜFTE »SOUS VIDE« MIT PORTWEINSAUCE

Für 2 Personen
Zubereitungszeit: 1 Stunde
Garzeit: 1 Stunde 20 Minuten

ZUTATEN

FÜR DAS FLEISCH

2 Zweige Thymian
2 Gewürznelken
2 Lammhüften (à 80–100 g)
1 EL Olivenöl
Salz
frisch gemahlener schwarzer Pfeffer

FÜR DAS GEMÜSE

3 weiße Rübchen
Salz
Saft von ½ Zitrone
2 TL flüssiger Honig
frisch gemahlener schwarzer Pfeffer
1 EL Olivenöl

FÜR DIE POLENTA

400 ml Gemüsebrühe
Salz
110 g Polentagrieß
Muskatnuss
2 EL Butter
30 g Parmesan, gerieben
4 EL Pankobrösel

FÜR DIE SAUCE

4 Schalotten
1 TL Butter
1 EL Zucker
je 200 ml roter Portwein und Lammfond
1 Lorbeerblatt
1 TL Honig
Salz
frisch gemahlener schwarzer Pfeffer

ZUBEREITUNG

Ein Sous-vide-Wasserbad vorbereiten und auf 57 °C erhitzen. Für das Fleisch die Nelken im Mörser zerstoßen, den Thymian waschen und trockentupfen. Die Lammhüften trockentupfen, mit Nelken, Thymian und 1 EL Olivenöl in einem Vakuumbeutel vakuumieren. Im Wasserbad 1,5 Stunden garen.

Die Rübchen waschen, putzen und in Spalten schneiden. Zusammen mit 2 Prisen Salz, 2 Prisen Pfeffer, Zitronensaft, Honig und Olivenöl marinieren. Im Kühlschrank ziehen lassen.

Für die Polenta die Gemüsebrühe aufkochen, salzen und den Grieß einrühren. Bei niedriger Temperatur unter Rühren 10 Minuten ausquellen lassen. Die Polenta mit Salz und frisch geriebener Muskatnuss würzen, 1 EL Butter und Parmesan einrühren. In eine eingefettete flache Form füllen, abdecken und erkalten lassen. Dann die Polenta in Rauten schneiden, in den Pankobröseln wenden und in einer Pfanne in der übrigen Butter rundum anbraten. Bei Bedarf mit Salz würzen.

Für die Sauce die Schalotten abziehen, in Streifen schneiden und in einem Topf in der Butter anschwitzen. Den Zucker zugeben und karamellisieren. Mit Portwein und Fond aufgießen. Lorbeerblatt und Honig zugeben, mit etwas Salz und Pfeffer würzen und 10 Minuten bei mittlerer Temperatur einkochen lassen. Zuletzt mit Salz und Pfeffer abschmecken.

Das Lammfleisch aus dem Vakuumbeutel nehmen, den Fond durch ein Sieb zum Portweinsud gießen und nochmals 5 Minuten köcheln lassen. Die Lammhüften trockentupfen und in einer heißen Pfanne in etwas Öl kurz von beiden Seiten anbraten. Anschließend halbieren und mit Salz und Pfeffer würzen.

ANRICHTEN

Das Fleisch auf Teller geben und mit der Sauce überziehen. Die marinierten Rübchen um das Fleisch herum verteilen und die Polenta-Ecken anlegen.

TIPP

Statt der weißen Rübchen können Sie auch ein Bund Radieschen verwenden, so haben wir es für die Foodfotografie auf der linken Seite gemacht.

MINI-BISKUITROLLE MIT NOUGAT UND MANGO

Für 2 Personen
Zubereitungszeit: 1 Stunde
Backzeit: 18 Minuten

ZUTATEN

FÜR DEN TEIG

2 Eier
30 g Zucker, plus mehr zum Arbeiten
Salz
30 g Weizenmehl Type 405
10 g Speisestärke
½ TL Backpulver

FÜR DIE FÜLLUNG

100 g Nougatmasse
100 g Mascarpone
1 TL Vanillezucker

FÜR DIE FRUCHTSAUCE

1 Mango
Saft von 1 Limette
Chiliflocken

ZUM ANRICHTEN

2 EL Haselnussblättchen
2 EL Zucker

ZUBEREITUNG

Den Backofen auf 180 °C Ober-/Unterhitze vorheizen. Eine kleine Backform (etwa 20 × 25 cm) mit Backpapier auslegen. Für den Teig die Eier mit dem Zucker und 1 Prise Salz in der Küchenmaschine etwa 3 Minuten dickschaumig aufschlagen. Mehl, Speisestärke und Backpulver in einer Schüssel mischen, über den Eischaum sieben und locker unterheben. Die Biskuitmasse in die vorbereitete Form füllen. Im vorgeheizten Backofen 10–12 Minuten backen. Anschließend auf ein sauberes, dünn mit Zucker bestreutes Geschirrtuch stürzen und abkühlen lassen.

Für die Füllung den Nougat würfeln und in einer Schüssel über einem heißen Wasserbad schmelzen. Lauwarm abkühlen lassen und mit dem Mascarpone und dem Vanillezucker verrühren.

Den Biskuit mit dem Rollholz ein- bis zweimal sanft ausrollen und in zwei gleich große Streifen schneiden. Vom Backpapier lösen und die Nougatcreme darauf verteilen. Aufrollen und in Backpapier einwickeln. Enden gut verschließen und im Kühlschrank 1 Stunde kühl stellen.

Die Mango waschen, schälen und die Hälfte des Fruchtfleischs in dünne Spalten schneiden. Das übrige Fruchtfleisch mit Limettensaft und 1 Prise Chili fein pürieren und durch ein Sieb streichen.

Die Haselnussblättchen in einer Pfanne mit dem Zucker anrösten und goldbraun karamellisieren. Auf einem Bogen Backpapier verteilen und abkühlen lassen.

ANRICHTEN

Die Biskuitrollen aus dem Backpapier lösen und in jeweils drei Scheiben schneiden. Mit den Mangoscheiben auf Desserttellern anrichten. Die Mango-Chili-Sauce in Tupfen um das Dessert verteilen und mit dem Haselnusscrunch bestreut servieren.

SCHNELLE CURRYSCHAUMSUPPE

Für 4 Personen
Zubereitungszeit: 10 Minuten
Garzeit: 15 Minuten

ZUTATEN

2 EL Currypaste (gelb oder rot)
2 EL geröstetes Sesamöl
400 ml Kokosmilch
400 ml Gemüsebrühe
neutrales Pflanzenöl zum Ausbacken
2 Papadams (indisches Fladenbrot)
4 Stängel Koriander
1 TL Schwarzkümmel

ZUBEREITUNG

Die Currypaste in einem Topf im heißen Sesamöl anschwitzen. Mit Kokosmilch und Gemüsebrühe aufgießen und zum Kochen bringen. Die Suppe 10 Minuten bei mittlerer Temperatur köcheln lassen.

Inzwischen in einem mittelgroßen Topf 2 cm hoch Öl einfüllen und erhitzen. Die Papadams darin kurz knusprig ausbacken und auf Küchenpapier abtropfen lassen.

Den Koriander waschen, trockentupfen.

ANRICHTEN

Die Suppe mit dem Stabmixer schaumig aufschlagen und in Gläser oder Schalen füllen. Schwarzkümmel darüberstreuen, mit Koriander garnieren und die Papadams dazu servieren.

ZITRONIGES OFEN-RISOTTO MIT GARNELEN

Für 4 Personen
Zubereitungszeit: 20 Minuten
Garzeit: 30 Minuten

ZUTATEN

FÜR DEN RISOTTO

2 EL Butter
2 Schalotten
1 Knoblauchzehe
2 Stängel Zitronengras
250 g Risottoreis
200 ml Weißwein
750 ml Gemüsebrühe
2 EL Crème fraîche
½ unbehandelte Zitrone
50 g Parmesan, frisch gerieben

FÜR DIE GARNELEN

12 Riesengarnelen
2 Knoblauchzehen
1 Stück Ingwer (etwa 3 cm lang)
2 EL Olivenöl, plus mehr zum Beträufeln
2 EL Sojasauce
Salz
frisch gemahlener schwarzer Pfeffer

ZUM ANRICHTEN

1 Handvoll kleine Rucolablätter

ZUBEREITUNG

Den Backofen auf 180 °C Ober-/Unterhitze vorheizen. Für den Risotto in einem Schmortopf (aus Gusseisen) die Butter zerlassen. Schalotten und Knoblauch abziehen und würfeln. Zitronengras waschen und mit dem Messerrücken andrücken. Die Zutaten in der Butter anschwitzen. Den Reis zugeben und ebenso anschwitzen. Mit Weißwein ablöschen. Die Brühe angießen und leicht salzen. Den Reis abgedeckt im vorgeheizten Backofen auf dem mittleren Einschub 25 Minuten garen.

Inzwischen die Garnelen waschen, den Kopf abtrennen, schälen und den Darm entfernen. Knoblauch halbieren, Ingwer in Scheiben schneiden. Die Garnelen trockentupfen und mit Knoblauch und Ingwer im Olivenöl marinieren. 10 Minuten vor Ende der Garzeit des Risottos die Garnelen mit den Aromen in einer heißen Pfanne von jeder Seite 2 Minuten anbraten. Mit Sojasauce ablöschen, salzen, pfeffern und beiseitestellen.

Den Risotto aus dem Backofen holen, das Zitronengras entfernen. Die Zitrone waschen, trockentupfen und die Schale fein abreiben. Die Crème fraîche, etwas Zitronensaft und Parmesan unterrühren. Mit Salz und Pfeffer abschmecken.

ANRICHTEN

Den Risotto und die Garnelen in tiefen Tellern anrichten. Mit wenig Olivenöl beträufeln, Zitronenabrieb darübergeben und mit dem Rucola bestreuen.

EIS-SANDWICH

Für 4 Personen
Zubereitungszeit: 15 Minuten

ZUTATEN

1 Packung Eis (Sorte nach Belieben)
8 runde Haferkekse
1 Packung Kuchenglasur (Zartbitter, Vollmilch oder Vanille)
150 g tiefgefrorene Himbeeren, aufgetaut
2 EL Puderzucker, plus mehr zum Anrichten
2 Stängel Minze

ZUBEREITUNG

Das Eis in 2 cm dicke Scheiben schneiden und rund (mit Ausstechern in der Größe der Kekse) ausstechen. Je ein Stück Eis zwischen zwei Kekse legen und auf einem Teller in das Gefrierfach stellen.

Die Kuchenglasur nach Packungsanleitung schmelzen. Die Eis-Sandwiches aus dem Gefrierfach nehmen und mit dem Rand in die Glasur tauchen. Erneut ins Gefrierfach stellen. Die übrige Glasur im warmen Wasserbad flüssig halten oder kurz vor dem Servieren erneut schmelzen.

Die Himbeeren mit 2 EL Puderzucker verrühren, durch ein feines Sieb streichen und beiseitestellen.

ANRICHTEN

Mit einem breiten Pinsel aus der übrigen Glasur einen Streifen Schokolade auf den Teller malen. Das Eis-Sandwich daraufsetzen. Die Himbeersauce in Tupfen auf den Teller geben und die Beeren um das Sandwich herum verteilen. Mit Puderzucker übersieben und mit Minze garnieren.

POCHIERTES EI, KNOBLAUCHCROSTINI UND PETERSILIENPESTO

Für 4 Personen
Zubereitungszeit: 30 Minuten
Garzeit: 4 Minuten

ZUTATEN

FÜR DAS PESTO

1 Bund glatte Petersilie
100 ml Olivenöl
30 g geschälte Mandeln
Saft von ½ Zitrone
1 EL Ahornsirup
Salz
50 g Parmesan
frisch gemahlener schwarzer Pfeffer

FÜR DIE CROSTINI

2 Knoblauchzehen
12 dünne Scheiben Baguette
3 EL Olivenöl, plus 1 TL extra

FÜR DIE EIER

1 TL Salz
1 TL gemahlener Kurkuma
4 EL Essig
4 Eier

ZUM ANRICHTEN

70 g Wildkräutersalat
etwas Zitronensaft
Salz
1 TL Olivenöl
Meersalzflocken

ZUBEREITUNG

Für das Pesto die Petersilie waschen, gut trockenschütteln und grob hacken. Nun mit Olivenöl, Mandeln, Zitronensaft, Ahornsirup und 2 Prisen Salz fein pürieren. Den Parmesan fein reiben, zugeben und alles mit Pfeffer würzen.

Für die Crostini den Knoblauch abziehen. Die Baguettescheiben mit Olivenöl beträufeln und in einer Pfanne von beiden Seiten goldbraun anrösten. Anschließend mit der halbierten Knoblauchzehe einreiben.

Für die Eier in einem schmalen Topf 5 cm hoch Wasser erhitzen. Mit Salz, Kurkuma und dem Essig würzen. Sobald das Wasser siedet, die Eier einzeln aufschlagen und in das Wasser gleiten lassen. Das Eiweiß zu Beginn mit einem Esslöffel mehrmals um das Eigelb legen, damit die pochierten Eier eine schöne, runde Form bekommen. 4 Minuten im siedenden Wasser garen. Mit einer Schaumkelle herausheben und gut abtropfen lassen.

Den Salat waschen, trockentupfen und verlesen. Mit einem Spritzer Zitronensaft, 1 Prise Salz und Olivenöl marinieren.

ANRICHTEN

Den Salat locker auf Teller verteilen. Je drei Crostini und etwas Pesto zwischen den Salatblättern anrichten. In die Mitte ein pochiertes Ei setzen. Mit Meersalzflocken bestreuen. Nach Belieben das übrige Pesto dazu servieren.

BASILIKUM-CAPPUCCINO MIT CONFIERTEN TOMATEN

Für 4 Personen
Zubereitungszeit: 45 Minuten
Ziehzeit: 12 Stunden
Garzeit: 40 Minuten

ZUTATEN

FÜR DIE TOMATEN

100 ml Olivenöl
250 g Kirschtomaten
1 Knoblauchzehe
3 Zweige Thymian
1 TL Koriandersamen
50 ml weißer Aceto balsamico
30 g Rohrohrzucker

FÜR DEN CAPPUCCINO

2 Schalotten
1 Knoblauchzehe
1 EL Butter
1 Bund Basilikum
100 ml Weißwein
600 ml Gemüsebrühe
200 g flüssige süße Sahne
Salz
frisch gemahlener schwarzer Pfeffer
etwas frisch gepresster Zitronensaft
250 ml Milch
1 großes Stück Ingwer (4 cm lang)

ZUBEREITUNG

Die Tomaten im Voraus (mindestens am Vortag) zubereiten. Dafür das Olivenöl in einem Topf bei niedrigster Temperatur lauwarm erwärmen. Die Tomaten waschen und mit einer Nadel rundum mehrfach einstechen. Den Knoblauch abziehen und halbieren. Den Thymian waschen und trockentupfen. Knoblauch, Thymian, Koriander, Balsamico und Rohrohrzucker zusammen mit den Tomaten zum Öl geben und 30 Minuten bei niedrigster Temperatur garen. Anschließend in ein Schraubglas füllen und über Nacht oder 2–3 Tage ziehen lassen. Für den Basilikum-Cappuccino die Schalotten und den Knoblauch abziehen und würfeln. Beides in einem Topf in der Butter anschwitzen. Den Basilikum waschen, die Blätter abzupfen und beiseitestellen. Die Basilikumstängel mit in den Topf geben und mit Weißwein ablöschen. Den Suppenansatz kurz aufkochen und die Brühe angießen. 20 Minuten bei mittlerer Temperatur kochen lassen. Die Suppe durch ein Sieb gießen und zusammen mit der Sahne erneut aufkochen. Die Basilikumblätter zugeben und mit dem Stabmixer oder im Standmixer 1–2 Minuten pürieren. Die Suppe mit Salz, Pfeffer und einem Spritzer Zitronensaft würzig abschmecken. Für den Schaum den Ingwer waschen, schälen und klein schneiden. Die Milch mit dem Ingwer in einem Topf erwärmen, beiseitestellen und 2 Stunden ziehen lassen.

ANRICHTEN

Die Basilikumsuppe in hitzebeständige Gläser füllen. Die Ingwermilch erhitzen, abseihen, aufschäumen und den Schaum auf die Basilikumsuppe geben. Die Tomaten mit etwas Sud in kleinen Schalen dazu reichen.

OFFENE LASAGNE MIT GEGRILLTEN ZUCCHINI, ZITRONENTHYMIAN-CREME UND BRUNNENKRESSE

Für 4 Personen
Zubereitungszeit: 45 Minuten
Garzeit: etwa 10 Minuten

ZUTATEN

FÜR DEN NUDELTEIG

100 g Weizenmehl Type 550
150 g Hartweizengrieß
Salz
3 EL Olivenöl

FÜR DIE FÜLLUNG

2 Zucchini
Salz
2 EL Olivenöl
400 g Ricotta
½ Bund Zitronenthymian
1 unbehandelte Zitrone
50 g Parmesan, frisch gerieben
frisch gemahlener schwarzer Pfeffer

ZUM ANRICHTEN

1 Handvoll Lauchkresse (ersatzweise Portulak, Rucola oder Feldsalatröschen)
2 EL Ajvar, scharf
1 EL Frischkäse
Meersalzflocken

ZUBEREITUNG

Für den Pastateig Mehl und Grieß mit ½ TL Salz, 1 EL Olivenöl und 100 ml Wasser in der Küchenmaschine zu einem glatten, kompakten Teig verarbeiten. Abgedeckt im Kühlschrank 30 Minuten ruhen lassen.

Die Zucchini waschen, längs in dünne Scheiben schneiden und diese leicht salzen. 10 Minuten ziehen lassen, anschließend trockentupfen und in einer Schüssel mit 2 EL Olivenöl wenden. Die Streifen in einer gut erhitzten Grillpfanne braun braten.

Für die Creme den Ricotta in einer Schüssel glatt rühren. Den Zitronenthymian waschen, trockentupfen und fein hacken. Die Zitrone waschen, trockentupfen, die Schale fein abreiben und den Saft auspressen. Thymian, Zitronenschale, Zitronensaft und Parmesan unter den Ricotta mischen. Mit Salz und Pfeffer würzen.

In einem Topf reichlich Wasser zum Kochen bringen und salzen. Den Nudelteig in der Nudelmaschine zu dünnen Bahnen ausrollen und in etwa 10 × 10 cm große Stücke teilen. Die Teigstücke im kochenden Wasser 2–3 Minuten garen. Anschließend abtropfen lassen und in einer Pfanne in 2 EL Olivenöl wenden.

Die Zucchinistreifen in einer zweiten Pfanne erneut erwärmen.

ANRICHTEN

Die Nudelblätter mit den Zucchini und der Ricottacreme aufschichten. Die Kresse darauf verteilen. Den Ajvar mit Frischkäse verrühren und in Tupfen darübergeben. Zuletzt mit wenigen Meersalzflocken bestreuen.

SORBET

Nach dem Zwischengericht ein Sorbet servieren, siehe Seite 44–45.

GEBACKENE AUBERGINEN AUF PAPRIKA-SUGO

Für 4 Personen
Zubereitungszeit: 30 Minuten
Garzeit: 25 Minuten

ZUTATEN

FÜR DAS GEMÜSE

1 Aubergine
Salz
2 Eier
2 EL flüssige Sahne
150 g Pankobrösel
2 EL Zatar (orientalische Gewürzmischung)
75 g Weizenmehl Type 405

FÜR DEN SUGO

1 rote Paprika
1 Zwiebel
3 Tomaten
2 TL Ras el-Hanout
2 EL Olivenöl, plus mehr zum Ausbacken
100 ml Gemüsebrühe
frisch gemahlener schwarzer Pfeffer
Zucker

ZUBEREITUNG

Für das Gemüse die Aubergine waschen. Die Auberginenhaut mit dem Sparschäler dünn abziehen und beiseitestellen. Die Aubergine in acht Scheiben schneiden, leicht salzen und 15 Minuten Wasser ziehen lassen, dann trockentupfen. Die Eier mit der Sahne in einer flachen Schale verquirlen. Die Pankobrösel mit dem Zatar in einer zweiten flachen Schale mischen. Die Auberginenscheiben zunächst in Mehl wenden, dann durch das verquirlte Ei ziehen und anschließend in den Pankobröseln wenden. In einer Pfanne in reichlich Olivenöl goldbraun und knusprig ausbacken. Auf Küchenpapier abtropfen lassen. Die Auberginenhaut ebenso im heißen Öl kurz knusprig braten.

Für den Sugo die Paprika waschen, entkernen und klein würfeln. Die Zwiebel abziehen und würfeln. Die Tomaten waschen, den Blütenansatz entfernen und würfeln. Das Gemüse mit Ras el-Hanout in Olivenöl anschwitzen. Die Gemüsebrühe angießen und 15 Minuten abgedeckt einkochen lassen. Mit Salz, Pfeffer und 1 Prise Zucker würzen.

ANRICHTEN

Den Paprika-Sugo auf tiefe Teller verteilen, je zwei Auberginenscheiben darauflegen und die knusprigen Schalen daraufstecken.

MINZ-PARFAIT MIT HONIG-WALNUSS-KARAMELL

Für 4 Personen
Zubereitungszeit: 45 Minuten

ZUTATEN

FÜR DAS PARFAIT

2 EL getrocknete Minzblätter (oder 2 Teebeutel Minzetee)
3 Eigelb
50 g Zucker
200 g flüssige Sahne
½ Zitrone

FÜR DEN KARAMELL

100 g Walnusskerne
2 EL Honig

FÜR DAS RHABARBERKOMPOTT

300 g Rhabarber
100 ml Apfelsaft
1 EL echter Vanillezucker

ZUBEREITUNG

Für das Parfait 100 ml Wasser aufkochen und die Minze damit übergießen. 10 Minuten ziehen lassen. Das Eigelb mit dem Zucker in einer Rührschüssel verrühren. Den Tee abseihen und noch heiß unter das Eigelb rühren. Über einem heißen (nicht kochenden) Wasserbad dickschaumig aufschlagen. Die Masse vom Wasserbad nehmen und kalt schlagen.

Die Sahne steif schlagen und unter den Minzeschaum heben. Mit dem Saft der halben Zitrone verfeinern. Die Masse in eine passende Form füllen und abgedeckt 4–5 Stunden gefrieren lassen.

Für den Karamell die Walnusskerne grob hacken und mit dem Honig in einer Pfanne bei mittlerer Temperatur aufkochen, dickflüssig reduzieren und auf einem Bogen Backpapier abkühlen lassen.

Für das Rhabarberkompott den Rhabarber waschen, schälen und in dünne Scheiben schneiden. In einer Pfanne mit dem Apfelsaft und dem Vanillezucker aufkochen. 5 Minuten bei niedriger Temperatur garen. Abkühlen lassen.

ANRICHTEN

Das Parfait aus der Form lösen, in Scheiben schneiden und auf die Teller legen. Die Walnüsse darauf verteilen. Zuletzt den Rhabarber dazugeben und servieren.

SPARGEL-TEMPURA MIT BÄRLAUCH-AIOLI UND LACHS-TATAKI

Für 4 Personen
Zubereitungszeit: 40 Minuten
Garzeit: 10 Minuten

ZUTATEN

FÜR DAS FRITTIERTE GEMÜSE

8 Stangen weißer Spargel
75 g Weizenmehl, plus mehr zum Wenden
75 g Speisestärke
1 Msp. Backpulver
2–3 Eiswürfel
neutrales Pflanzenöl zum Frittieren

FÜR DIE AIOLI

6–8 Bärlauchblätter
75 ml Milch
½ TL Senf
Saft von ½ Zitrone
200 ml neutrales Pflanzenöl
Salz
frisch gemahlener schwarzer Pfeffer

FÜR DEN FISCH

300 g Lachsfilet, ohne Haut
30 ml Sojasauce
Saft von ½ Limette
neutrales Pflanzenöl zum Braten
2 EL Sesamsamen

ZUM ANRICHTEN

2 Schalen Shiso-Kresse

ZUBEREITUNG

Für das frittierte Gemüse den Spargel waschen, schälen und in 4 cm lange Stücke schneiden. Für den Tempura-Teig das Mehl mit Speisestärke und Backpulver mischen. 150 ml kaltes Wasser zugeben und glatt rühren. Die Eiswürfel hinzufügen und den Teig beiseitestellen.

Für die Aioli-Creme den Bärlauch waschen, trockentupfen und grob zerschneiden. Die Milch mit dem Bärlauch in einen hohen Mixbecher füllen, sehr fein pürieren und durch ein feines Sieb geben. Senf und Zitronensaft untermischen. Nun das Öl in einem dünnen Strahl zugeben und untermixen, bis eine cremige Mayonnaise entstanden ist. Mit Salz und Pfeffer abschmecken.

Den Lachs trockentupfen, mit Sojasauce und Limettensaft marinieren. Eine Pfanne stark erhitzen, den Lachs aus der Marinade nehmen, abtropfen lassen und in der Pfanne in sehr wenig Öl von jeder Seite 10 Sekunden anbraten. Auf einem Teller mit dem Sesam bestreuen und abkühlen lassen.

Zum Frittieren des Tempura das Öl in einem passenden Topf erhitzen. Die Spargelstangen in Mehl wenden und durch den Tempura-Teig ziehen. Im heißen Öl etwa 1 Minute knusprig ausbacken. Auf Küchenpapier abtropfen lassen und leicht salzen.

ANRICHTEN

Den Lachs in dünne Scheiben schneiden. Auf jeden Teller einen Streifen Bärlauch-Aioli arrangieren, den Lachs darauflegen. Die Spargelstangen dazulegen und mit der Shiso-Kresse bestreut servieren.

GEGRILLTES FLAT-IRON-STEAK MIT RHABARBER-CHUTNEY UND KARTOFFEL-RADIESCHEN-SALAT

Für 4 Personen
Zubereitungszeit: 30 Minuten
Garzeit: 20 Minuten

ZUTATEN

FÜR DAS CHUTNEY

2 Stangen Rhabarber
2 Schalotten
1 Stück Ingwer (etwa 2 cm lang)
1 Chilischote
1 EL Olivenöl
2 EL brauner Zucker
4 EL Weißweinessig
Salz
frisch gemahlener schwarzer Pfeffer

FÜR DEN KARTOFFELSALAT

500 g kleine festkochende Kartoffeln
Olivenöl
2 TL Senf
4 EL Weißweinessig
150 ml Gemüsebrühe
Salz
Zucker
1 Bund Radieschen (aus ökologischem Anbau, mit schönem Grün)
frisch gemahlener schwarzer Pfeffer

FÜR DAS FLEISCH

1 TL Kaffeebohnen
½ TL ganze Pfefferkörner
2 EL Olivenöl
400 g Flat-Iron-Steak (auch Mittelbug, aus dem oberen Teil der Schulter)
1 kleiner Zweig Rosmarin
2 EL Butter

ZUM ANRICHTEN

Meersalzflocken

ZUBEREITUNG

Für das Chutney den Rhabarber waschen, schälen und würfeln. Schalotten abziehen, Ingwer schälen und beides fein würfeln. Chilischote waschen, entkernen und hacken. Alles in einem Topf in Öl anschwitzen. Zucker und Weißweinessig zugeben und aufkochen. Das Chutney 10 Minuten bei niedriger Temperatur einkochen. Zuletzt mit Salz und Pfeffer würzen. Das Chutney noch heiß in sterilisierte Gläser füllen und zuschrauben. So ist es mehrere Monate haltbar. Oder in ein Schraubglas füllen und im Kühlschrank aufbewahren.

Für den Kartoffelsalat die Kartoffeln waschen, mit Schale vierteln und in einer Pfanne in 3–4 EL Olivenöl knusprig braten, bis sie gar sind. Inzwischen den Senf mit Essig und Gemüsebrühe verrühren. Mit etwas Salz und Zucker würzen. Die Radieschen waschen, einige kleine Blätter aufbewahren. Die Radieschen in Scheiben schneiden. Kartoffeln und Radieschen mit dem Dressing vermengen und mit Salz und Pfeffer würzen.

Für das Steak Kaffeebohnen und Pfefferkörner im Mörser zerstoßen. Das Fleisch damit bestreuen und mit Olivenöl einreiben. Das Steak in einer stark erhitzten Grillpfanne von jeder Seite 2–4 Minuten scharf anbraten. Den Rosmarin mit in die Pfanne geben. Beiseitestellen, die Butter zufügen und das Fleisch mit der geschmolzenen Butter überziehen. Nachziehen lassen, bis das Fleisch eine Kerntemperatur von 54–56 °C hat. Das Fleisch in Scheiben schneiden.

ANRICHTEN

Den Salat in die Mitte der Teller geben und das Fleisch darauf anrichten. Einige Radieschenblätter und das Chutney um das Fleisch herum verteilen. Mit Meersalzflocken bestreuen und servieren.

ERDBEERKNÖDEL, GEEISTER JOGHURT UND LIMONCELLO-SIRUP

Für 4 Personen
Zubereitungszeit: 45 Minuten, plus 4–5 Stunden zum Gefrieren
Garzeit: 10 Minuten

ZUTATEN

FÜR DEN JOGHURT

100 g flüssige Sahne
250 g griechischer Joghurt
2 EL Honig

FÜR DEN SIRUP

75 ml Limoncello
Saft von 1 Zitrone
2 Msp. Speisestärke
8 kleine Blätter Zitronenverbene
einige essbare Blütenblätter

FÜR DIE KNÖDEL

250 g Magerquark
1 Eigelb
30 g Zucker, plus etwas mehr
½ unbehandelte Zitrone, Abrieb
50 g Speisestärke, plus mehr zum Bemehlen der Hände
Salz
8 Erdbeeren (möglichst in gleicher Größe und nicht zu groß)
1 EL Zucker

ZUM ANRICHTEN

75 g Semmelbrösel
1 Msp. Zimtpulver
50 g Butter

ZUBEREITUNG

Für den geeisten Joghurt die Sahne steif schlagen und mit dem Joghurt und dem Honig locker vermengen. In einer flachen Schale abgedeckt im Gefrierfach 4–5 Stunden einfrieren.

Für den Sirup Limoncello mit Zitronensaft, Speisestärke und Zitronenverbene verrühren und unter Rühren aufkochen. Zum Abkühlen in eine flache Schale umfüllen und durchziehen lassen.

Für die Knödel den Quark über einem sauberen Geschirrtuch in einem Sieb über Nacht im Kühlschrank abtropfen lassen. Den abgetropften Quark mit Eigelb, Zucker, Zitronenabrieb, Speisestärke und 1 Prise Salz vermengen. Die Erdbeeren abbrausen und putzen. Den Quarkteig in acht Portionen teilen und mit leicht mit Stärke bemehlten Händen zu Kugeln formen, flach drücken und je eine Erdbeere damit umhüllen. Acht Knödel formen. In einem Topf 5 cm hoch Wasser zum Sieden bringen. Mit ½ TL Salz und 1 EL Zucker würzen und die Knödel darin 8–10 Minuten am Siedepunkt garen.

Die Semmelbrösel und den Zimt in einer Pfanne mit Butter unter Rühren anrösten. Den geeisten Joghurt in der Küchenmaschine 1 Minute geschmeidig rühren und in kleine Dessertschalen füllen.

ANRICHTEN

Die Brösel als kleinen Hügel auf die Teller häufen und die Knödel daraufsetzen. Die Limoncello-Sauce abseihen, um die Knödel herumträufeln und mit Blütenblättern bestreuen. Den geeisten Joghurt dazu servieren.

GEBRATENE KOPFSALATHERZEN MIT KARTOFFEL-DILL-MAYONNAISE UND WACHTELEI

Für 4 Personen
Zubereitungszeit: 30 Minuten
Ziehzeit: 12 Stunden
Garzeit: 8 Minuten

ZUTATEN

FÜR DIE EIER

4 Wachteleier
4 EL Sojasauce
2 TL Ahornsirup
½ TL Chiliflocken

FÜR DIE MAYONNAISE

1 Eigelb
1 TL körniger Senf
1 EL Apfelessig
150 ml Olivenöl
1 mittelgroße mehligkochende Kartoffel, gegart, vom Vortag
4 Stängel Dill
Salz
frisch gemahlener schwarzer Pfeffer

FÜR DIE SALATHERZEN

2 Scheiben Sauerteigbrot
Butter
2 kleine Kopfsalatherzen
Olivenöl
½ Zitrone
Meersalzflocken

ZUBEREITUNG

Am Vortag die Wachteleier 5 Minuten kochen. Abschrecken, pellen und in eine kleine Vorratsdose legen. Sojasauce, Ahornsirup und Chiliflocken zugeben. Die Dose verschließen und alles über Nacht im Kühlschrank ziehen lassen.

Am nächsten Tag für die Mayonnaise Eigelb mit Senf und Essig in einer Schüssel verrühren. Wenig Öl zunächst tröpfchenweise zugeben und unterschlagen. Anschließend das übrige Öl unterschlagen, bis eine cremige Mayonnaise entstanden ist. Kartoffel pellen und klein würfeln. Dill waschen, trockentupfen, einige Fähnchen zur Garnitur beiseitelegen. Übrigen Dill hacken.
Die Mayonnaise mit Salz und Pfeffer würzen, Kartoffeln und Dill untermischen und die Sauce kalt stellen.

Für die Salatherzen aus jeder Brotscheibe zwei längliche Streifen schneiden. Dünn mit Butter bestreichen und in einer Pfanne von beiden Seiten knusprig braten. Die Kopfsalatherzen waschen, gründlich trockentupfen und längs vierteln. Die Salatherzen ebenfalls kurz auf den Schnittseiten in Olivenöl anbraten. Mit einem Spritzer Zitronensaft und 2 Prisen Meersalzflocken würzen.

ANRICHTEN

Die Salatherzen auf den Brotscheiben anrichten. Mit Salz und Pfeffer würzen. Die Kartoffel-Dill-Mayonnaise in Tupfen um das Gericht setzen und mit kleinen Dillfähnchen garnieren. Je ein Wachtelei halbieren und dazulegen.

GEGRILLTER GRÜNER SPARGEL AUF ERBSEN-MINZE-CREME UND ZITRONEN-BUCHWEIZEN

Für 4 Personen
Zubereitungszeit: 30 Minuten
Garzeit: 15 Minuten

ZUTATEN

FÜR DEN SPARGEL

18–20 Stangen grüner Spargel (je nach Größe)
1 EL Butter
Salz
frisch gemahlener schwarzer Pfeffer

FÜR DIE CREME

Salz
250 g tiefgefrorene Erbsenkerne
5 Stängel Minze
1 Zitrone
100 g Sauerrahm
frisch gemahlener schwarzer Pfeffer
frisch geriebene Muskatnuss

FÜR DEN BUCHWEIZEN

50 g Buchweizen
½ unbehandelte Zitrone

ZUM ANRICHTEN

75 ml Buttermilch
2 EL Rote-Bete-Sprossen

ZUBEREITUNG

Den Spargel im unteren Drittel schälen und die Enden abschneiden. In einer Pfanne in Butter 3–4 Minuten anbraten und mit Salz und Pfeffer würzen.

Für die Creme die Erbsenkerne in einen Topf geben, mit Wasser bedecken, leicht salzen und 5 Minuten garen. Die Minze waschen, trockentupfen und die Blätter abzupfen. Erbsen abgießen und in einen Standmixer füllen. Saft der Zitrone, Minze und Sauerrahm zugeben und fein pürieren. Das Püree mit Salz, Pfeffer und etwas Muskat würzen.

Den Buchweizen in einer Pfanne ohne Fettzugabe anrösten, bis er zu duften beginnt. In eine Schüssel umfüllen. Die Zitrone heiß waschen, trockentupfen und fein abreiben. Zum Buchweizen geben und untermischen.

ANRICHTEN

Die Buttermilch in einem Mixbecher aufschäumen. Die Erbsencreme auf Teller mittig verteilen. Die Spargelstangen darauflegen und mit dem Buchweizen bestreuen. Die Buttermilch in Tupfen um den Spargel setzen. Mit den Sprossen bestreut servieren.

KABELJAU-FRIKADELLEN IN GREMOLATA-BUTTER UND GERÖSTETER BLUMENKOHL

Für 4 Personen
Zubereitungszeit: 45 Minuten
Garzeit: 25 Minuten

ZUTATEN

FÜR DAS GEMÜSE

1 TL Koriandersamen
1 kleiner Blumenkohl
2 EL Sojasauce
1 TL Honig
etwas Chilipulver
Salz

FÜR DIE BUTTER

1 Bund glatte Petersilie
1 unbehandelte Zitrone
50 g Butter
Meersalzflocken

FÜR DIE FRIKADELLEN

500 g Kabeljaufilet, ohne Haut, entgrätet
1 Scheibe Toastbrot
1 Schalotte
1 Eiweiß
1 TL körniger Senf
Salz
frisch gemahlener schwarzer Pfeffer
½ TL geräuchertes Paprikapulver
2 EL Olivenöl
Saft von ½ Zitrone

ZUBEREITUNG

Den Backofen auf 200 °C Ober-/Unterhitze vorheizen. Für das Gemüse Koriander im Mörser zerstoßen. Blumenkohl waschen, in kleine Röschen teilen und in einer Schüssel mit Sojasauce, Honig, Koriander, Chili und etwas Salz marinieren. Auf einem Backblech verteilen und im vorgeheizten Backofen 15–20 Minuten rösten.

Für die Butter Petersilie waschen, trockentupfen und samt Stielen fein hacken. Zitrone heiß waschen, trockentupfen, die Schale mit dem Sparschäler abschälen und in feine Streifen schneiden. Beides in einer Pfanne in Butter anschwitzen und aufschäumen lassen. Mit Meersalzflocken würzen.

Für die Frikadellen den Fisch trockentupfen und fein würfeln. Toastbrot klein würfeln, Schalotte abziehen und würfeln. Den Kabeljau mit Toastbrot, Eiweiß und Senf in einer Schüssel mischen, mit Salz, Pfeffer und Paprika würzen. Aus der Fischmasse zwölf kleine Frikadellen formen und in einer Pfanne im heißen Olivenöl 3–4 Minuten anbraten. Zitronensaft darübergeben und aufschäumen lassen.

ANRICHTEN

Die Frikadellen mit den Blumenkohlröschen auf Tellern verteilen. Mit der Gremolata-Butter beträufeln und servieren.

SORBET

Nach dem Zwischengericht ein Sorbet servieren, siehe Seite 44–45.

KRÄUTERSEITLINGE IN ROTWEINZWIEBELN UND ARME RITTER AUS ROGGENBROT

Für 4 Personen
Zubereitungszeit: 30 Minuten
Garzeit: 30 Minuten

ZUTATEN

FÜR DIE KRÄUTERSEITLINGE

8 Kräuterseitlinge
150 g Zwiebeln
1 EL Butter
2 TL Zucker
1 Lorbeerblatt
1 EL Tomatenmark
250 ml Rotwein
4 Zweige Thymian
200 ml Gemüsebrühe
Salz
frisch gemahlener schwarzer Pfeffer

FÜR DIE ARMEN RITTER

3 Pimentkörner
2 Eier
50 g flüssige Sahne
4 Scheiben Roggenbrot
1 EL Butter
Salz

ZUM ANRICHTEN

2 EL Hagebuttenmarmelade
1 Prise Cayennepfeffer
3 Zweige Kerbel

ZUBEREITUNG

Die Kräuterseitlinge trocken abreiben, längs halbieren und beiseitestellen. Die Zwiebeln abziehen, in dünne Spalten schneiden und in einem breiten Topf in der Butter anschwitzen. Zucker und Lorbeer zugeben und leicht karamellisieren lassen. Nun Tomatenmark zugeben und dunkel anrösten. Mit Rotwein ablöschen, Thymian zugeben und die Flüssigkeit etwa um die Hälfte reduzieren. Die Brühe angießen, salzen, pfeffern und einkochen lassen. Die Kräuterseitlinge in einer Grillpfanne von allen Seiten anbraten und zur Sauce geben. 10 Minuten darin garen.

Für die Armen Ritter Piment im Mörser zerstoßen und mit Eiern und Sahne verquirlen. Die Brotscheiben darin wenden und in einer Pfanne in der geschmolzenen Butter goldbraun braten. Mit etwas Salz würzen.

ANRICHTEN

Die Hagebuttenmarmelade mit etwas Cayennepfeffer abschmecken. Die Armen Ritter auf Tellern anrichten, Kräuterseitlinge und Rotweinzwiebeln danebenlegen. Hagebuttenmarmelade und Kerbelblätter um das Gericht herum verteilen.

MARINIERTE ERDBEEREN MIT KOKOSSTREUSELN UND SKYR-SCHAUM

Für 4 Personen
Zubereitungszeit: 30 Minuten
Ziehzeit: 2 Stunden
Backzeit: 12 Minuten

ZUTATEN

FÜR DIE ERDBEEREN

½ TL Kaffeebohnen
3 Kardamomkapseln
50 g Zucker
500 g Erdbeeren

FÜR DIE STREUSEL

75 g Weizenmehl
25 g Kokosflocken
75 g Butter
30 g brauner Zucker
1 Prise Salz

FÜR DEN SCHAUM

½ Vanilleschote
120 g Skyr
50 ml Milch

ZUBEREITUNG

Für die Erdbeeren Kaffeebohnen und ausgelösten Kardamom in einer Pfanne kurz anrösten, anschließend im Mörser grob zerstoßen. Mit Zucker und 75 ml Wasser aufkochen. Den Sirup 5 Minuten köcheln und anschließend lauwarm abkühlen lassen. Erdbeeren abbrausen, abtropfen lassen und putzen. In Scheiben schneiden und im Sirup einlegen. Im Kühlschrank 2 Stunden ziehen lassen.

Den Backofen auf 180 °C Ober-/Unterhitze vorheizen, ein Backblech mit Backpapier auslegen. Für die Streusel das Mehl mit Kokosflocken, Butter, Zucker und Salz verkneten. Die Streusel auf dem Backblech verteilen und im vorgeheizten Backofen etwa 15 Minuten knusprig backen. Auskühlen lassen.

Für den Schaum das Mark aus der Vanilleschote kratzen. Den Skyr mit der Milch und Vanillemark in einem hohen Mixbecher schaumig aufschlagen.

ANRICHTEN

Die Erdbeeren und 2–3 EL Sirup in Dessertschalen füllen. Die Streusel darübergeben. Zuletzt den Skyr-Schaum um die Erdbeeren herum verteilen und rasch servieren.

BUCHWEIZEN-CRÊPES MIT GRÜNEM SPARGELSALAT, SONNENBLUMENCREME UND BLÜTEN

Für 4 Personen
Zubereitungszeit: 30 Minuten
Einweichzeit: 1 Stunde
Garzeit: 10 Minuten

ZUTATEN

FÜR DIE CREME

100 g Sonnenblumenkerne
Saft von ½ Zitrone
1 kleine Knoblauchzehe
Salz
Cayennepfeffer

FÜR DIE CRÊPES

150 g Buchweizenmehl
1 EL Kichererbsenmehl
250 ml ungesüßter Pflanzendrink (z. B. aus Hafer oder Mandeln)
2 EL Olivenöl
½ TL gemahlener Kurkuma
½ TL Salz

FÜR DEN SALAT

1 Bund grüner Spargel
1 Frühlingszwiebel
2 EL Rosinen
3 EL Apfelessig
2 EL Olivenöl
Salz
frisch gemahlener schwarzer Pfeffer

ZUM ANRICHTEN

etwa 12 essbare Blüten

ZUBEREITUNG

Für die Creme die Sonnenblumenkerne in einer Pfanne ohne Fett anrösten. Abkühlen lassen und anschließend mit 80 ml Wasser einweichen. Nach etwa 1 Stunde Zitronensaft und Knoblauch zugeben und alles fein pürieren. Die Creme mit Salz und Cayennepfeffer abschmecken.

Für den Crêpe-Teig alle Zutaten verrühren. Zum Quellen abgedeckt 15 Minuten beiseitestellen.

Für den Salat inzwischen Spargel waschen, im unteren Drittel schälen und schräg in Scheiben schneiden. Frühlingszwiebel putzen, waschen und in dünne Ringe schneiden. In einer Schüssel Spargel mit Frühlingszwiebeln, Rosinen, Essig, Öl, etwas Salz und Pfeffer marinieren.

Die Blüten verlesen, bei größeren Blüten nur die Blütenblätter verwenden.

Eine große flache Pfanne erhitzen, dünn mit Öl einfetten und eine Kelle Teig hineingeben. Durch Schwenken den Teig gleichmäßig verteilen und von beiden Seiten hellbraun braten. Vier große dünne Crêpes ausbacken.

ANRICHTEN

Jeweils einen Crêpe auf einen Teller legen. Längs einen Streifen Sonnenblumencreme darauf verteilen und den Spargelsalat daraufgeben. Mit den Blütenblättern bestreut servieren.

BRUNNENKRESSE-GNOCCHI, GLASIERTE RADIESCHEN UND TAHIN-SAFRAN-SAUCE

Für 4 Personen
Zubereitungszeit: 45 Minuten
Garzeit: 60 Minuten

ZUTATEN

FÜR DIE GNOCCHI

600 g mehligkochende Kartoffeln
75 g Brunnenkresse
2 EL Kichererbsenmehl
30 g Hartweizengrieß
30 g Weizenmehl Type 550
1 TL Salz
frisch geriebene Muskatnuss
1 EL Olivenöl

FÜR DIE RADIESCHEN

1 Bund Radieschen
1 EL Olivenöl
1 EL Ahornsirup
2 EL Reisessig
Salz

FÜR DIE SAUCE

100 g Tahin (Sesammus)
100 ml Gemüsebrühe
1 Döschen gemahlener Safran
Saft von ½ Limette
2 EL weißer und schwarzer Sesamsamen
Salz
Cayennepfeffer
½ Bund Schnittlauch

ZUM ANRICHTEN

frisch gemahlener schwarzer Pfeffer

ZUBEREITUNG

Den Backofen auf 200 °C Ober-/Unterhitze vorheizen. Für die Gnocchi die Kartoffeln mit Schale gründlich waschen und umgeschält auf ein Backblech legen. Im vorgeheizten Backofen 45 Minuten garen. Die Brunnenkresse waschen, trockentupfen und fein hacken. Die gegarten Kartoffeln halbieren, mit der Schnittfläche nach unten in eine Kartoffelpresse legen und durchdrücken. Die Schalenreste jeweils entfernen. Das Kartoffelpüree mit Kichererbsenmehl, Grieß, Mehl, Salz, etwas Muskat und der Brunnenkresse zu einem glatten Teig vermengen. Den Teig in vier Portionen teilen und auf der leicht bemehlten Arbeitsfläche zu länglichen Rollen formen. Schräge, etwa 2 cm lange Stücke abteilen. In einem Topf ausreichend Wasser zum Kochen bringen. Gut salzen und die Gnocchi darin 3–4 Minuten garen. Mit einer Schaumkelle herausheben und abtropfen lassen.

Die Radieschen waschen, putzen, dabei etwa 1 cm der Blattstiele stehen lassen. Die Radieschen halbieren und in einer Pfanne im Olivenöl anschwitzen. Mit Ahornsirup, Reisessig und etwas Salz würzen und 2 Minuten garen.

Für die Sauce Tahin mit Gemüsebrühe, Safran und Limettensaft verrühren. Mit Salz und Pfeffer abschmecken. Den Schnittlauch waschen, trockentupfen und in feine Röllchen schneiden. Zur Sauce geben.

Die Gnocchi in einer Pfanne in 1 EL Olivenöl kurz erhitzen.

ANRICHTEN

Die Gnocchi in tiefe Teller geben und mit der Tahin-Safran-Sauce beträufeln. Die Radieschen um die Gnocchi verteilen und mit etwas frisch gemahlenem Pfeffer würzen.

SORBET

Nach dem Zwischengericht ein Sorbet servieren, siehe Seite 44–45.

WÜRZIGE TOFUSCHNITTEN UND SÜSSSAURE BELUGALINSEN IM GEMÜSESUD

Für 4 Personen
Zubereitungszeit: 40 Minuten
Garzeit: 25 Minuten

ZUTATEN

FÜR DIE TOFUSCHNITTEN

400 g Tofu
1 kleine Chilischote
3 EL Sojasauce
1 EL Ahornsirup
1 EL Sesamöl

FÜR DIE LINSEN

1 Bund Suppengemüse
1 Schalotte
150 g Belugalinsen
1 EL Olivenöl
500 ml Gemüsebrühe
2 EL Reisessig
2 TL Ahornsirup
Salz
frisch gemahlener schwarzer Pfeffer

ZUM ANRICHTEN

1 Handvoll frische Kräuter (etwa Petersilie, Kerbel, Gartenkresse oder andere Kräuter)

ZUBEREITUNG

Den Tofu in ein sauberes Küchentuch wickeln und mit einem Topf beschweren. 20 Minuten stehen lassen. Die Chilischote waschen, entkernen und hacken. Den Tofu in vier Scheiben schneiden und mit Sojasauce, Ahornsirup, Sesamöl und Chili marinieren und ziehen lassen.

Für die Linsen das Suppengemüse waschen, schälen und in feine Würfel schneiden. Die Schalotte abziehen und ebenfalls in feine Würfel schneiden. Gemüse und Schalotten mit den Linsen in einem Topf in Olivenöl anschwitzen. Die Gemüsebrühe angießen und die Linsen etwa 20 Minuten garen, dann mit Reisessig, Ahornsirup, Salz und Pfeffer abschmecken.

Eine Pfanne erhitzen und den Tofu darin von beiden Seiten scharf anbraten.

Die Kräuter waschen, trockentupfen und grob hacken.

ANRICHTEN

Die Linsen mit dem Gemüsesud in einem tiefen Teller anrichten. Die Tofustücke darauflegen und mit den Kräutern bestreut servieren.

CHEESECAKE-SCHNITTEN MIT RHABARBER UND HIMBEERSAUCE

Für 4 Personen
Zubereitungszeit: 30 Minuten, plus 2–3 Stunden Kühlen
Backzeit: 30 Minuten

ZUTATEN

FÜR DEN KUCHEN

100 g vegane Haferkekse
60 g Margarine
150 ml ungesüßter Pflanzendrink
1 Beutel Agar-Agar (ausreichend für 500 ml)
1 unbehandelte Zitrone
1 Vanilleschote
500 g veganer Frischkäse
40 g Zucker

FÜR DAS RHABARBERKOMPOTT

300 g Rhabarber
50 g Zucker, plus 1 EL
1 Tonkabohne, fein gerieben
1 Zimtstange

FÜR DIE SAUCE

150 g tiefgefrorene Himbeeren
1 EL Zucker

ZUBEREITUNG

Eine Backform (etwa 20 × 20 cm) mit Frischhaltefolie auslegen. Für den Kuchen die Kekse in der Küchenmaschine fein mahlen. Die Margarine schmelzen und mit den Kekskrümeln vermengen. In die Form füllen, gut andrücken und kalt stellen.

Pflanzendrink mit Agar-Agar in einem Topf verrühren und unter Rühren 2 Minuten kochen. Die Zitrone heiß waschen, trockentupfen, die Schale fein abreiben und den Saft auspressen. Das Mark aus der Vanilleschote kratzen. Den Frischkäse mit Schalenabrieb, Zitronensaft, Vanillemark und Zucker glatt rühren und die heiße Pflanzenmilch langsam einrühren. Die Masse auf dem Keksboden verteilen und für 2–3 Stunden kalt stellen.

Den Backofen auf 160 °C Ober-/Unterhitze vorheizen. Den Rhabarber waschen, schälen und klein schneiden. Auf einen Bogen Backpapier legen, Zucker, geriebene Tonkabohne und Zimtstange zugeben. Das Papier rundum gut verschließen. Mit Büroklammern oder Tackernadeln fixieren. Im vorgeheizten Backofen 30 Minuten garen.

Für die Fruchtsauce die Himbeeren in einem Topf mit einem Schuss Wasser und 1 EL Zucker erhitzen und 2–3 Minuten köcheln lassen. Anschließend durch ein Sieb streichen und die Sauce auffangen.

Den Kuchen aus der Form lösen, in vier Streifen schneiden.

ANRICHTEN

Die Kuchenstücke auf Dessertteller legen. Den lauwarmen Rhabarber um den Kuchen verteilen und die Himbeersauce in Tupfen daraufgeben.

FESTTAGSSUPPE

Für 10 Personen
Zubereitungszeit: 30 Minuten
Garzeit: 2 Stunden

ZUTATEN

FÜR DIE BOUILLON

2 Bund Suppengemüse
2 Zwiebeln
3 Tomaten
150 g Champignons
2 Lorbeerblätter
5 Pimentkörner
½ Bund glatte Petersilie
Salz
250 g tiefgefrorene Erbsen

FÜR DEN EIERSTICH

Butter für die Form
6 Eier
100 g flüssige Sahne
100 ml Milch
Salz
frisch geriebene Muskatnuss

ZUM ANRICHTEN

½ Bund krause Petersilie

ZUBEREITUNG

Für die Bouillon das Suppengemüse gründlich waschen, putzen und schälen. Die Hälfte des Gemüses in kleine Würfel schneiden und beiseitestellen. Das übrige Gemüse in grobe Stücke schneiden. Die Zwiebeln mit Schale halbieren. Die Tomaten waschen und halbieren, die Champignons trocken abreiben und vierteln. Das grob gewürfelte Gemüse, die Schalen und Abschnitte, die Zwiebeln, Gewürze, Petersilie und Salz in einen Topf geben, mit 3,5 l Wasser aufgießen und langsam zum Kochen bringen. Bei mittlerer Temperatur 2 Stunden leise köcheln lassen. Aufsteigenden Schaum abschöpfen.

Den Backofen auf 120 °C Ober-/Unterhitze vorheizen. Für den Eierstich eine Auflaufform (etwa 25 × 25 cm) mit Butter einfetten. Eier mit Sahne und Milch verrühren, mit Salz und frisch geriebener Muskatnuss würzen und durch ein feines Sieb gießen. Die Ei-Sahne-Mischung in die Auflaufform füllen und im heißen Wasserbad im vorgeheizten Backofen 1 Stunde stocken lassen. Den Eierstich in Würfel oder Rauten schneiden.

Die Bouillon mit einer Schöpfkelle durch ein feines Sieb gießen, dabei nicht schütten, so bleibt die Brühe klar. Die Suppe erneut erhitzen und das klein gewürfelte Gemüse und die Erbsen darin etwa 5 Minuten garen, mit Salz würzen. Den Eierstich zufügen und kurz mit erhitzen.

ANRICHTEN

Die Petersilienblätter fein hacken. Die heiße Suppe in Schalen füllen und mit der Petersilie bestreut servieren.

SCHMORBRATEN MIT SEMMELKNÖDELN UND PFIFFERLINGEN

Für 10 Personen
Zubereitungszeit: 1 Stunde
Garzeit: etwa 5 Stunden

ZUTATEN

FÜR DEN BRATEN

2,5 kg Rinderschmorbraten aus Keule oder Hüfte
Salz
frisch gemahlener schwarzer Pfeffer
4 EL Olivenöl
3 Zwiebeln
3 Knoblauchzehen
3 EL Tomatenmark
2 Stängel Rosmarin
2 Lorbeerblätter
3 Wacholderbeeren
3 Pimentkörner

FÜR DIE KNÖDEL

10 altbackene Semmeln (oder Knödelbrot, etwa 300–400 g)
etwa 350 ml Milch
1 Zwiebel
1 TL Butter
6 Zweige Thymian
5 Eier
Salz
frisch gemahlener schwarzer Pfeffer

FÜR DIE PILZE

700 g Pfifferlinge (alternativ Steinpilze, Champignons, Austernpilze, Kräuterseitlinge)
3 Schalotten
2 EL Butter
Salz
frisch gemahlener schwarzer Pfeffer
1 Bund Schnittlauch

ZUBEREITUNG

Für den Braten das Fleisch trockentupfen und rundum mit Salz und Pfeffer würzen. In einem ausreichend großen Bräter in 2 EL heißem Olivenöl von allen Seiten anbraten. Inzwischen Zwiebeln abziehen und würfeln, Knoblauch abziehen. Das angebratene Fleisch aus dem Bräter nehmen und beiseitestellen. Den Backofen auf 160 °C Ober-/Unterhitze vorheizen. Weitere 2 EL Öl in den Bräter geben, Zwiebeln und Knoblauch darin anbraten. Tomatenmark zugeben und dunkel anrösten. Mit 150 ml kaltem Wasser angießen, den Bratensatz damit vom Topfboden lösen und erneut anrösten. Weitere 150 ml Wasser angießen und den Vorgang wiederholen. Dann Gewürze und Kräuter zugeben, das Fleisch darauflegen und mit 1,2 l Wasser aufgießen. 2 TL Salz zugeben und die Flüssigkeit zum Kochen bringen. Den Braten bei geschlossenem Deckel im Backofen etwa 3–4 Stunden weich schmoren.

Für die Knödel die Semmeln würfeln und in einer Schüssel mit der heißen Milch übergießen. 10 Minuten ruhen lassen. Die Zwiebel abziehen, würfeln und in der Butter anschwitzen. Thymian waschen, trockentupfen und die Blätter zu den Zwiebeln geben. Zwiebeln, Thymian, Eier, 1 TL Salz und etwas Pfeffer zu den Semmelwürfeln geben und vermengen. Aus der Masse 20 Knödel formen und diese in einem Topf im siedenden Wasser 10 Minuten garen.

Für die Pilze Pfifferlinge putzen, mit einem Pinsel gründlich abbürsten und mit einem kleinen Messer von Schmutz befreien. Je nach Größe halbieren oder vierteln. Schalotten abziehen und würfeln. Pfifferlinge und Schalotten in einer Pfanne in Butter braun braten. Mit Salz und Pfeffer würzen. Schnittlauch waschen, trockentupfen, fein schneiden und unter die Pilze mischen.

Das Fleisch aus der Sauce nehmen und warm stellen. Die Sauce durch ein Sieb passieren, aufkochen und mit Salz und Pfeffer abschmecken. Das Fleisch in Scheiben schneiden.

ANRICHTEN

Das Fleisch mit der Sauce auf Teller verteilen und die Pfifferlinge dazugeben. Die Knödel zum Fleisch legen oder in separaten Schalen servieren.

KOMMUNIONSTÖRTCHEN

Für 10 Personen
Zubereitungszeit: 45 Minuten
Backzeit: 20 Minuten

ZUTATEN

FÜR DEN BISKUIT

6 Eier
200 g Zucker
1 Prise Salz
200 g Weizenmehl Type 405
50 g Speisestärke
1 TL Backpulver

FÜR DIE CREME

½ Vanilleschote
1 Eigelb
30 g Speisestärke
300 ml Milch
40 g Zucker
200 g Butter
Salz

FÜR DIE FÜLLUNG

250 g Aprikosenmarmelade

FÜR DIE DEKORATION

1 Packung weißes Fondant zum Ausrollen
Speisestärke zum Bearbeiten
100 g Zartbitter-Kuvertüre

ZUBEREITUNG

Den Backofen auf 180 °C Ober-/Unterhitze vorheizen. Ein Backblech mit Backpapier auslegen.

Für den Teig Eier mit Zucker und 1 Prise Salz in der Küchenmaschine dickschaumig aufschlagen. Mehl, Speisestärke und Backpulver in einer Schüssel mischen und über den Eischaum sieben. Locker unterheben und die Biskuitmasse auf dem Backblech verteilen. Glatt streichen und im vorgeheizten Backofen auf dem mittleren Einschub 18–20 Minuten backen. Auskühlen lassen.

Für die Creme das Mark aus der Vanilleschote kratzen. Das Eigelb mit der Speisestärke und 3 EL Milch glatt rühren. Die übrige Milch mit Zucker und Vanillemark aufkochen. Die Stärkemischung zur kochenden Milch geben und unter Rühren 1 Minute zu einem Pudding kochen. Abgedeckt beiseitestellen und auf Zimmertemperatur abkühlen lassen. Die Butter mit 1 Prise Salz in der Küchenmaschine cremig-weiß aufschlagen. Den abgekühlten Pudding esslöffelweise zugeben und unterschlagen.

Den Biskuit vom Backpapier lösen und mit einem Dessertring (5 cm Durchmesser) 30 Kreise ausstechen. 20 Teigkreise mit Aprikosenkonfitüre bestreichen. Pro Törtchen drei Böden aufeinandersetzen. Die Törtchen rundum mit Buttercreme bestreichen.

Den Rollfondant auf der leicht mit Stärke bestaubten Arbeitsfläche dünn ausrollen, etwas größer als die Törtchen ausstechen und die Törtchen damit einkleiden. Die Kuvertüre über einem heißen Wasserbad schmelzen, in einen kleinen Spritzbeutel füllen und die Törtchen mit Namen oder Kommunions-Symbolen verzieren.

Die Törtchen bis zum Servieren kalt stellen. Mit der restlichen Buttercreme, Schokolade und Aprikosenmarmelade garnieren.

SOMMER

Sommerfest für viele

Bunter Tomatensalat mit gebeizter Forelle

Maispoulardenbrust und Ratatouille vom Grill mit Knoblauchkartoffeln

Eissplittertörtchen mit Kürbiskernöl

Bella Italia – Das Sommermenü

Vitello tonnato

Bistecca alla Fiorentina auf cremiger Polenta mit Rotweinzwiebeln

Cantuccini mit Mascarpone und Vin Santo

Gemüseliebe vegan

Gefüllte Zucchiniblüten im Petersiliensud

Vegane »Jakobsmuscheln« auf Avocadocreme und Spinat

Veganes Pfirsich-Tiramisu

Leichter Sommer auf der Terrasse

Melonenkaltschale, gegrillter Halloumi und Brotcrunch

Lachszopf mit spanischem Sommersalat

Zucchinikuchen mit Schokoladensauce und Erdbeeren

Beerenmenü von herzhaft bis süß

Gratinierter Ziegenkäse, süßsaure Himbeeren und Lavendelhonig

Kalte Tomaten-Erdbeer-Suppe mit Filostangen

Roastbeef vom Grill mit schwarzen Johannisbeeren und Mandelblinis

Pannacotta mit Heidelbeeren

Mediterran genießen

Roher Fenchelsalat, Buttermilch und Kapern

Zweierlei weiße Bohnen auf gegrillten Ochsenherztomaten

Meeresfrüchte-Risotto mit Safran
Sorbet

Scaloppine in Balsamico mit Artischocken-Paprika-Sugo und Rosmarin-Kartoffeln

Erdbeeren mit Zabaglione

Vegetarisches Sommertrüffelmenü

Wassermelonensalat, gerösteter Rosmarin und getrüffelter Labneh

Sellerie vom Grill, Pfirsich-Trüffel-Marmelade, Croûtons und Sprossen

Arme Ritter aus Brioche mit Sauerrahm-Eis, Trüffelhonig und marinierten Heidelbeeren

Das ultimative vegetarische Blitzmenü für den Sommer

Feta-Creme auf gegrillter Paprika

Mediterrane Pasta

Sommer im Glas

BUNTER TOMATENSALAT MIT GEBEIZTER FORELLE

Für 10 Personen
Zubereitungszeit: 45 Minuten
Zeit zum Beizen: 5 Stunden

ZUTATEN

FÜR DEN FISCH

5 Wacholderbeeren
3 Gewürznelken
2 TL Koriandersamen
1 TL Senfsaat
1 Bund Dill
1 unbehandelte Zitrone
5 EL Salz, plus mehr zum Würzen
3 EL Zucker
6 Forellenfilets, mit Haut, entgrätet, oder Saibling

FÜR DEN SALAT

1,5 kg bunte Kirschtomaten
1 Salatgurke
3 rote Zwiebeln
½ Bund Frühlingszwiebeln

FÜR DAS DRESSING

5 EL Weißweinessig
1 EL mittelscharfer Senf
1 EL Honig
½ TL Salz
frisch gemahlener schwarzer Pfeffer
7 EL Olivenöl

FÜR DIE CIABATTA

1 Ciabatta
1 Bund Thymian
4 Knoblauchzehen
6 EL Olivenöl, plus mehr zum Braten

ZUBEREITUNG

Für die gebeizte Forelle die Gewürze in einer Pfanne ohne Fett anrösten und im Mörser zerstoßen. Den Dill waschen, trockentupfen und hacken. Die Zitrone waschen, trockentupfen und die Schale mit dem Sparschäler abschälen. Die Schalenstreifen hacken. Gewürze, Dill, Zitronenschale, Salz und Zucker mischen. Die Fischfilets kalt abspülen und trockentupfen. Eine Auflaufform mit Frischhaltefolie auslegen. Drei Filets mit der Hautseite nach unten in die Auflaufform legen. Die Beize darauf verteilen und die übrigen drei Filets mit der Fleischseite auf die Beize geben. Die Frischhaltefolie über die Filets legen und fest einpacken. Mit einem Brett beschweren. Die Filets 5 Stunden im Kühlschrank ziehen lassen.

Für den Salat die Tomaten waschen, abtropfen lassen und halbieren. Die Gurke waschen und klein würfeln. Die Zwiebeln abziehen und in dünne Streifen schneiden. Die Frühlingszwiebeln waschen, putzen und in dünne Ringe schneiden. Alle Zutaten in einer Schüssel mischen.

Für das Dressing in ein Schraubglas Essig, Senf, Honig, Salz, 2–3 Prisen Pfeffer und das Olivenöl geben. Das Glas verschließen und kräftig schütteln. Den Salat damit marinieren.

Die Ciabatta würfeln. Den Thymian waschen, trockentupfen und die Blätter abzupfen. Den Knoblauch mit Schale andrücken. 6 EL Olivenöl, Thymian und Knoblauch zum Brot geben und vermengen. Die Brotwürfel in einer großen Pfanne unter mehrmaligem Wenden anrösten.

Anschließend die Forellenfilets kalt abspülen und trockentupfen. Die gebeizten Filets in dünne Scheiben schneiden und die Teller damit auslegen.

ANRICHTEN

Den Salat auf der gebeizten Forelle anrichten und mit den Ciabattawürfeln bestreut servieren.

MAISPOULARDENBRUST UND RATATOUILLE VOM GRILL MIT KNOBLAUCHKARTOFFELN

Für 10 Personen
Zubereitungszeit: 50 Minuten
Ziehzeit: über Nacht, Garzeit: 45 Minuten

ZUTATEN

FÜR DAS FLEISCH

2 unbehandelte Limetten
1 EL Salz
1 EL brauner Zucker
1 EL Paprikapulver edelsüß
2 TL geräuchertes Paprikapulver
2 TL Korianderpulver
1 TL Zimtpulver
½ TL Kaffeepulver
1 TL Chiliflocken (optional)
10 Maispoulardenbrüste, mit Haut
einige Thymianblüten zum Bestreuen (alternativ Thymianblättchen)

FÜR DAS RATATOUILLE

3 rote Paprika
3 gelbe Paprika
500 g Tomaten
3 Zucchini
3 Auberginen
6 EL Olivenöl
2 Zweige Rosmarin
1 Zweig Salbei
6 Zweige Thymian
1 Dose stückige Tomaten (400 g)
150 ml Weißwein
1 ½ TL Salz
½ TL Zucker
frisch gemahlener schwarzer Pfeffer

FÜR DIE KARTOFFELN

2 kg kleine festkochende Kartoffeln
5 Knoblauchzehen
5–6 EL Olivenöl
Meersalzflocken

ZUBEREITUNG

Die Limetten für die Gewürzmischung zum Einreiben am Vortag heiß waschen, trockentupfen und die Schale abreiben. Die Schale mit den übrigen Gewürzen mischen und die Maispoulardenbrüste damit rundum einreiben. In eine Schale legen, abdecken und über Nacht ziehen lassen.

Für das Ratatouille das Gemüse waschen und putzen. Die Paprika entkernen, den Blütenansatz der Tomaten herausschneiden. Alles Gemüse klein würfeln. Das Olivenöl in einer großen feuerfesten Grillschale erhitzen und das Gemüse darin etwa 10 Minuten anbraten. Die Kräuter waschen und trockentupfen. Tomaten aus der Dose und Kräuter zum Gemüse geben. Den Weißwein angießen, mit Salz, Zucker und Pfeffer würzen und vermengen. Das Ratatouille 15 Minuten im geschlossenen Grill garen.

Die Kartoffeln waschen und knapp mit Wasser bedeckt 15 Minuten vorkochen. Anschließend abgießen und auf einem Backblech verteilen. Die Kartoffeln mit einer Tasse etwas platt drücken. Den Knoblauch abziehen, hacken und mit dem Olivenöl mischen. Die Kartoffeln damit einstreichen. Anschließend auf dem Grill von jeder Seite 10 Minuten knusprig braten. Zuletzt mit Meersalzflocken würzen.

Die Maispoulardenbrüste mit etwas Olivenöl einstreichen und auf dem Grill bei direkter Hitze 10 Minuten grillen. Wenden und weitere 10 Minuten fertig garen.

ANRICHTEN

Das Ratatouille mit den Kartoffeln auf Tellern anrichten. Die Maispoulardenbrüste in Scheiben schneiden und auf dem Gemüse anrichten. Mit Salz und Pfeffer würzen und servieren.

TIPP

Sie können die Kartoffeln auch im Backofen bei 220 °C Ober-/Unterhitze garen, falls der Grill nicht genügend Fläche für alle Zutaten bietet. Das Ratatouille lässt sich gut am Vortag zubereiten.

Für die Foodfotografie haben wir das Gericht noch dekorativ mit Thymianblüten bestreut.

EISSPLITTERTÖRTCHEN MIT KÜRBISKERNÖL

Für 10 Personen
Zubereitungszeit: 25 Minuten
Kühlzeit: 5–6 Stunden

ZUTATEN

100 g Kürbiskerne
750 g flüssige süße Sahne
75 g Puderzucker
2 EL Vanillezucker
100 g Baisers
250 g griechischer Joghurt
100 g Schokosplitter

ZUM ANRICHTEN

300 g frische Himbeeren
50 ml Kürbiskernöl

ZUBEREITUNG

Eine Form (etwa 25 × 25 cm) mit Frischhaltefolie auskleiden. Die Kürbiskerne in einer Pfanne ohne zusätzliches Fett anrösten, bis sie zu duften beginnen. Anschließend zum Abkühlen auf einen Teller geben. Die Sahne in der Küchenmaschine steif schlagen, den Puderzucker und Vanillezucker nach und nach einrieseln lassen.

Die Baisers zerbröseln. 3 EL Kürbiskerne beiseitestellen, die übrigen Kürbiskerne hacken. Joghurt, Baiserbrösel, gehackte Kürbiskerne und Schokosplitter unter die Sahne heben. Die Masse in die Form füllen, glatt streichen und abgedeckt 5–6 Stunden gefrieren lassen.

Kurz vor dem Servieren die gefrorene Masse aus dem Gefrierfach nehmen, aus der Form lösen und einmal mittig halbieren. Aus jeder Hälfte fünf gleich große Stücke schneiden.

ANRICHTEN

Die Eisplittertörtchen auf Teller verteilen. Die Himbeeren auf die Eissplittertörtchen setzen und mit Kürbiskernöl beträufeln. Die übrigen Kürbiskerne darüberstreuen.

VITELLO TONNATO

Für 4 Personen
Zubereitungszeit: 30 Minuten
Garzeit: 60 Minuten

ZUTATEN

FÜR DAS FLEISCH

500 g Kalbsrücken
Salz
frisch gemahlener schwarzer Pfeffer
2 EL Olivenöl
3 Zweige Thymian
2 Knoblauchzehen

FÜR DIE SAUCE

2 Eigelb, gekocht
1 TL mittelscharfer Senf
200 ml mildes Olivenöl
1 Dose Thunfisch (Abtropfgewicht etwa 130 g)
1 EL Kapern, abgetropft
Saft von 1 Zitrone
Salz
frisch gemahlener schwarzer Pfeffer
Cayennepfeffer

ZUM ANRICHTEN

100 g Rucola
Kapernäpfel

ZUBEREITUNG

Den Backofen auf 80 °C Ober-/Unterhitze vorheizen. Für das Fleisch den Kalbsrücken mit Küchengarn in Form binden und mit Salz und Pfeffer würzen. Eine Pfanne erhitzen, das Fleisch darin in 2 EL heißem Olivenöl rundum anbraten. Thymian und halbierte Knoblauchzehen zum Braten mit in die Pfanne geben. Das Fleisch auf ein Ofengitter legen, mit Kräutern und Knoblauch bedecken und in den vorgeheizten Backofen schieben. Eine Fettfangschale unterstellen und das Fleisch 50–60 Minuten garen.

Inzwischen für die Sauce Eigelb mit Senf in einen hohen Mixbecher geben, mit dem Stabmixer mischen, langsam das Öl einfließen lassen und alles mixen. Thunfisch und Kapern zugeben und weitermixen. Mit Zitronensaft, Salz, Pfeffer und Cayennepfeffer würzig abschmecken.

Das Kalbfleisch aus dem Ofen nehmen und abgedeckt 10 Minuten ruhen lassen. Nach Belieben sofort servieren oder abgedeckt kalt stellen und später servieren.

ANRICHTEN

Den Rucola waschen, trockentupfen und verlesen. Das Fleisch in dünne Scheiben schneiden und auf Teller legen. Mit der Sauce überziehen und mit etwas Salz und frisch gemahlenem Pfeffer bestreuen. Rucola und Kapernäpfel darauf verteilen und servieren.

BISTECCA ALLA FIORENTINA AUF CREMIGER POLENTA MIT ROTWEINZWIEBELN

Für 4 Personen
Zubereitungszeit: 45 Minuten
Garzeit: 30 Minuten

ZUTATEN

FÜR DAS FLEISCH

2 T-Bone-Steaks (à etwa 1 kg)
Meersalzflocken
2–3 EL Olivenöl

FÜR DIE POLENTA

500 ml Gemüsebrühe
100 g Polentagrieß
½ TL Salz
150 g flüssige Sahne
50 g Parmesan, frisch gerieben
frisch gemahlener schwarzer Pfeffer
Muskatnuss

FÜR DIE ROTWEINZWIEBELN

2 Gemüsezwiebeln
1 EL Butter
1 TL Tomatenmark
2 EL Zucker
200 ml Rotwein
1 Zweig Rosmarin
Salz
frisch gemahlener schwarzer Pfeffer
3 EL Aceto balsamico

FÜR DIE ZUCCHININUDELN

1 Zucchini
2 EL Olivenöl
Salz

ZUBEREITUNG

Das Fleisch 2 Stunden vor Zubereitung auf Zimmertemperatur bringen.

Für die Polenta die Gemüsebrühe in einem Topf aufkochen, Polenta und Salz einstreuen und unter Rühren aufkochen. Bei niedrigster Temperatur 15 Minuten ausquellen lassen. Gelegentlich umrühren.

Für die Rotweinzwiebeln die Zwiebeln abziehen, würfeln und bei mittlerer Temperatur in der Butter goldbraun anschwitzen. Tomatenmark und Zucker hinzufügen und anrösten. Mit Rotwein ablöschen, Rosmarinzweig zugeben und etwa 10 Minuten köcheln lassen. Zuletzt mit Salz, Pfeffer und Aceto balsamico würzig abschmecken.

Für die Zucchininudeln die Zucchini waschen, die Enden abschneiden und das Fruchtfleisch mit einem Sparschäler längs in dünne Streifen schneiden. In einen Vakuumierbeutel legen, mit 2 EL Olivenöl und 1 Prise Salz vakuumieren.

Den Backofen auf 75 °C Ober-/Unterhitze vorheizen. Eine Grillpfanne stark erhitzen. Das Fleisch mit 2–3 EL Olivenöl einstreichen und von jeder Seite 5 Minuten angrillen. Anschließend im Backofen auf dem T-Knochen stehend weitere 10 Minuten garen.

Die Polenta fertigstellen. Dafür die Sahne halbsteif schlagen und zusammen mit dem Parmesan unter die heiße Polenta heben. Mit Salz, Pfeffer und Muskatnuss würzen.

ANRICHTEN

Die Polenta mit einem Esslöffel in einem breiten Streifen mittig auf Teller geben. Die Zucchininudeln abtropfen lassen und locker um die Polenta herum verteilen. Das Fleisch von den Knochen lösen und in 1 cm dicke Scheiben schneiden, auf der Polenta anrichten und mit Salz würzen. Die Rotweinzwiebeln um das Fleisch herum verteilen.

Il Santo
RAVAZZI

CANTUCCINI MIT MASCARPONE UND VIN SANTO

Für 4 Personen
Zubereitungszeit: 20 Minuten
Kühlzeit: 30 Minuten
Backzeit: 35 Minuten

ZUTATEN

FÜR DIE KEKSE

½ unbehandelte Zitrone
2 Gewürznelken
1 Ei (Größe L)
100 g Zucker
1 Prise Salz
200 g Dinkelmehl Type 630
1 TL Backpulver
30 g Butter
50 g geröstete Pistazienkerne

FÜR DIE CREME

250 g Mascarpone
2 EL flüssiger Honig
½ Zitrone

ZUM ANRICHTEN

350 ml Vin Santo
(italienischer Süßwein)

ZUBEREITUNG

Für die Kekse die Zitrone waschen, trockentupfen und die Schale abreiben. Den Saft auspressen und für die Mascarponecreme beiseitestellen. Die Nelken in einem Mörser fein zerstoßen. Ei mit Zucker, Salz, Nelken und Zitronenabrieb in einer Schüssel verrühren, bis sich der Zucker aufgelöst hat. Mehl mit Backpulver mischen und samt Butter zur Ei-Zucker-Mischung geben. Zu einem glatten Teig verkneten. Die Pistazien unterkneten und den Teig 30 Minuten kalt stellen.

Den Backofen auf 190 °C Ober-/Unterhitze vorheizen. Den Teig aus dem Kühlschrank nehmen und zu einem etwa 3 cm hohen, länglichen Brotlaib formen. Auf einem mit Backpapier ausgelegten Backblech in den vorgeheizten Backofen schieben und 20 Minuten backen.

Anschließend abkühlen lassen und in schräge, etwa 1 cm dicke Scheiben schneiden. Diese mit der Schnittkante auf dem Backblech verteilen und bei 160 °C weitere 20 Minuten backen. Gut auskühlen lassen.

Für die Creme den Mascarpone mit dem Zitronensaft und Honig verrühren.

ANRICHTEN

Auf einem kleinen Tablett ein Schälchen Mascarponecreme, auf einem Teller die Cantuccini anrichten und zusammen mit einem Glas Vin Santo servieren.

GEFÜLLTE ZUCCHINIBLÜTEN IM PETERSILIENSUD

Für 4 Personen
Zubereitungszeit: 25 Minuten
Garzeit: 5 Minuten

ZUTATEN

8 Zucchiniblüten
2 Schalotten
150 g veganer Frischkäse
Salz
frisch gemahlener schwarzer Pfeffer
2 TL Zatar (orientalische Gewürzmischung), plus mehr zum Bestreuen
5 EL Olivenöl
½ Bund glatte Petersilie
150 ml Gemüsebrühe
Saft von ½ Zitrone
1 TL mittelscharfer Senf
Meersalzflocken

ZUBEREITUNG

Die Zucchiniblüten behutsam öffnen und den Blütenstempel herausdrehen. Für die Füllung die Schalotten abziehen und klein würfeln. Zusammen mit dem Frischkäse, etwas Salz, Pfeffer und dem Zatar verrühren. Die Masse in die Zucchiniblüten füllen. Die Blütenblätter oben leicht zusammendrehen. In einer Pfanne 2 EL Olivenöl erhitzen und die Zucchiniblüten darin 1–2 Minuten anschwitzen.

Die Petersilie waschen, trockentupfen und samt Stielen grob hacken. Mit Gemüsebrühe, Zitronensaft, Senf, 2 Prisen Salz und dem übrigen Olivenöl fein pürieren. Die Brühe durch ein feines Sieb gießen.

ANRICHTEN

Den Petersiliensud in tiefe Teller verteilen. Je zwei Zucchiniblüten hineinlegen, mit Meersalzflocken würzen. Zuletzt noch etwas Zatar darüberstreuen.

VEGANE »JAKOBSMUSCHELN« AUF AVOCADOCREME UND SPINAT

Für 4 Personen
Zubereitungszeit: 20 Minuten
Garzeit: 20 Minuten

ZUTATEN

FÜR DIE »JAKOBSMUSCHELN«

½ Nori-Blatt
1 Stück Ingwer (2 cm lang)
1 kleine Chilischote
300 ml Gemüsebrühe
½ TL geräuchertes Paprikapulver
5 EL Sojasauce
4 dicke Kräuterseitlinge
2 EL Olivenöl
2 TL Ahornsirup
Salz
frisch gemahlener schwarzer Pfeffer

FÜR DIE AVOCADOCREME

2 Avocados
Saft von 2 Limetten
1 kleine Knoblauchzehe
3 TL Ahornsirup
Salz
frisch gemahlener schwarzer Pfeffer

FÜR DAS GEMÜSE

100 g junger Spinat
2 TL geröstetes Sesamöl
Salz

ZUM ANRICHTEN

½ TL Schwarzkümmel

ZUBEREITUNG

Für die »Jakobsmuscheln« zunächst einen Sud herstellen. Das Nori-Blatt im Mörser oder der Küchenmaschine mahlen. Ingwer schälen und fein reiben. Chilischote entkernen und hacken. Gemüsebrühe mit Nori, Paprikapulver, 3 EL Sojasauce, Ingwer und Chili aufkochen. Die Kräuterseitlinge trocken abreiben und in 2–3 cm große Stücke schneiden. Jedes Stück auf der Schnittfläche leicht einritzen, so entsteht das typische Muster. Die Pilze im Gewürzsud 10 Minuten garen, dann 10 Minuten darin ruhen lassen. Die Pilze aus dem Sud nehmen und in einer Pfanne in 2 EL Olivenöl von beiden Seiten braun braten. Mit Salz und Pfeffer würzen. Sojasauce und Ahornsirup zugeben und die Pilze darin glasieren.

Für die Avocadocreme die Avocados schälen und entkernen. Das Fruchtfleisch mit Limettensaft, Knoblauch, Ahornsirup sowie etwas Salz und Pfeffer fein pürieren.

Den Spinat verlesen, waschen und trockentupfen. Mit einem Spritzer Limettensaft, Sesamöl und 1 Prise Salz marinieren.

ANRICHTEN

Die Avocadocreme mittig auf Teller verteilen. Den Spinat locker darauflegen und mit den »Jakobsmuscheln« fertigstellen.

Schwarzkümmel darüberstreuen und servieren.

VEGANES APRIKOSEN-TIRAMISU

Für 4 Personen
Zubereitungszeit: 30 Minuten
Backzeit: 25 Minuten

ZUTATEN

FÜR DEN KUCHEN

100 g Weizenmehl Type 405
50 g gemahlene Mandeln
1 TL Backpulver
80 g Zucker
2 EL Vanillezucker
1 Prise Salz
165 ml Mineralwasser mit Kohlensäure
2 EL neutrales Pflanzenöl

FÜR DIE CREME

150 g Cashewkerne, 3–4 Stunden eingeweicht
2 EL Puderzucker
75 ml ungesüßter Mandeldrink
½ unbehandelte Zitrone, Abrieb
2 EL Vanillezucker
200 ml vegane Sahne

FÜR DIE APRIKOSEN

Saft von 1 Zitrone
2 EL Zucker
150 ml weißer Portwein
6 Aprikosen, abgezogen

ZUM TRÄNKEN DES BODENS

180 ml frisch aufgebrühter Espresso
30 ml Kaffeelikör

ZUBEREITUNG

Den Backofen auf 180 °C Ober-/Unterhitze vorheizen. Den Boden einer Springform (18 cm Durchmesser) mit Backpapier auslegen. Für den Kuchen Mehl mit Mandeln, Backpulver, Zucker, Vanillezucker und Salz in einer Schüssel mischen. Mineralwasser und Öl zugeben und glatt rühren. Den Teig in die Springform füllen und im vorgeheizten Backofen auf dem mittleren Einschub 20–25 Minuten backen. Stäbchenprobe machen und Backzeit verlängern, falls der Kuchen noch nicht durchgebacken ist. In der Form auskühlen lassen.

Für die Creme die Cashewkerne abgießen, in eine Schüssel geben und mit Puderzucker, Mandeldrink, Zitronenabrieb und Vanillezucker in der Küchenmaschine fein pürieren. Zwischendurch die Masse von den Seiten des Behälters in die Mitte schieben. So lange pürieren, bis eine sehr feine Creme entstanden ist. Die vegane Sahne steif schlagen und die Cashewcreme unterheben. Abgedeckt kalt stellen.

Für die Aprikosenfüllung Zitronensaft mit Zucker und Portwein in einem Topf aufkochen. 3–4 Minuten köcheln lassen. Die Aprikosen entkernen, in dünne Spalten schneiden und im Portweinsud einige Minuten garen. Beiseitestellen und abkühlen lassen.

Den Kuchen aus der Backform lösen und zweimal waagerecht durchschneiden. Die Springform säubern und den ersten Boden wieder einlegen. Kaffee und Likör mischen und den ersten Boden damit beträufeln. Ein Drittel der Creme auf dem Boden verteilen und glatt streichen. Die übrigen beiden Kuchenböden ebenso einschichten, mit der Kaffee-Likör-Mischung tränken und mit Creme bedecken. Zuletzt die Aprikosenspalten aus dem Portweinsud nehmen und fächerförmig auf der obersten Cremeschicht verteilen. Das Tiramisu 2 Stunden kalt stellen.

Den Portweinsud in einem kleinen Topf sirupartig einkochen und anschließend abkühlen lassen.

ANRICHTEN

Das Tiramisu in Stücke schneiden und auf Tellern anrichten. Den Portweinsud darüberträufeln und servieren.

MELONENKALTSCHALE, GEGRILLTER HALLOUMI UND BROTCRUNCH

Für 4 Personen
Zubereitungszeit: 30 Minuten
Ziehzeit: 1 Stunde
Garzeit: 10 Minuten

ZUTATEN

FÜR DIE KALTSCHALE

2 Zuckermelonen (etwa Cantaloup, Charentais, Honigmelone)
1 Chilischote
1 Stück Ingwer (etwa 2 cm lang)
Saft von 2 Limetten
Salz
frisch gemahlener schwarzer Pfeffer

FÜR DEN CRUNCH

¼ Ciabatta
10 Salbeiblätter
3 EL Olivenöl

FÜR DAS KORIANDERÖL

5 EL Olivenöl
½ Bund Koriander

FÜR DEN KÄSE

4 Scheiben Halloumi (à etwa 120 g)
Olivenöl
frisch gemahlener schwarzer Pfeffer

ZUBEREITUNG

Für die Kaltschale die Melonen halbieren, entkernen und das Fruchtfleisch herauslösen. Die Chilischote entkernen, den Ingwer schälen. Das Melonenfruchtfleisch mit Ingwer, Chili, Limettensaft und 2 Prisen Salz in einer Schüssel mischen und 1 Stunde im Kühlschrank ziehen lassen. Dann die Mischung im Standmixer fein pürieren. Mit Salz und Pfeffer würzen.

Für den Crunch das Brot in der Küchenmaschine zu groben Krümeln zerkleinern. Den Salbei waschen, trockentupfen und klein zupfen. Beides in einer Pfanne mit 3 EL Olivenöl mischen. Bei mittlerer Temperatur langsam unter Wenden goldbraun und knusprig anrösten. Auf einer Platte verteilen und beiseitestellen.

Für das Öl den Koriander waschen, trockentupfen und mit dem Olivenöl im Mörser zerkleinern, bis eine Paste entstanden ist.

Den Halloumi trockentupfen und mit Olivenöl einstreichen. In einer gut erhitzten Grillpfanne von beiden Seiten 2–3 Minuten grillen. Anschließend im Brotcrunch wenden.

ANRICHTEN

Die Melonenkaltschale in Gläsern oder Schalen anrichten. Mit dem Korianderöl beträufeln und etwas Pfeffer darübermahlen. Den Halloumi auf einem kleinen Teller anrichten und dazu servieren.

LACHSZOPF MIT SPANISCHEM SOMMERSALAT

Für 4 Personen
Zubereitungszeit: 45 Minuten
Ziehzeit: 3 Stunden
Garzeit: 30 Minuten

ZUTATEN

FÜR DEN FISCH

1 Lachsseite (etwa 800 g, mit Haut)
5 EL Sojasauce
2 EL Honig
1 TL gemahlener Kreuzkümmel
1 TL geräuchertes Paprikapulver
1 unbehandelte Zitrone

FÜR DEN SALAT

1 gelbe Paprika
1 rote Paprika
1 rote Zwiebel
2 Strauchtomaten
1 Salatgurke
4 EL Weißweinessig
4 EL Olivenöl
½ TL Salz
1 TL Zucker
4 Stängel Minze
4 Stängel glatte Petersilie

AUSSERDEM

8 Scheiben Chorizo

FÜR DEN DIPP

250 g griechischer Joghurt
Salz
frisch gemahlener schwarzer Pfeffer
Cayennepfeffer

ZUBEREITUNG

Für den Lachszopf das Lachsfilet trockentupfen und von der Haut lösen. Der Länge nach in vier gleichmäßig dicke Streifen schneiden. Die Streifen an einem Ende mit einem Zahnstocher fixieren. Die vier Stränge flechten, den fertigen Zopf in eine hitzebeständige Form legen. Für die Marinade Sojasauce, Honig, Kreuzkümmel und Paprikapulver mischen. Die Zitrone heiß waschen, trockentupfen, die Schale fein abreiben und zur Marinade geben. Den Saft auspressen und für den Dipp verwenden. Den Lachszopf mit der Marinade rundum einstreichen. Abdecken und 3 Stunden im Kühlschrank ziehen lassen.

Für den Salat das Gemüse waschen und putzen. Die Paprika entkernen, die Zwiebel abziehen, den Blütenansatz der Tomate herausschneiden. Alles Gemüse klein würfeln und in einer Schüssel mit Essig, Olivenöl, Salz und Zucker mischen. Die Kräuter waschen, trockentupfen und samt den Stielen klein schneiden. Unter den Salat mischen und alles zum Durchziehen abgedeckt kalt stellen.

Den Grill auf 160 °C indirekte Hitze vorheizen. Den Lachszopf auf dem Grill abgedeckt 30 Minuten garen. Die Chorizoscheiben auf dem oberen Ablagegitter im Grill ausbreiten und einige Minuten grillen, bis sie kross sind. Alternativ direkt auf den Grillrost legen, falls kein Ablagegitter vorhanden ist.

Für den Dipp den Joghurt mit Zitronensaft, Salz, Pfeffer und Cayennepfeffer würzig abschmecken.

ANRICHTEN

Den Salat auf Teller geben. Den Dipp in kleinen Tropfen rundum verteilen. Den Lachszopf in Stücke teilen, auf den Salat legen und die Chorizo dazu servieren.

ZUCCHINIKUCHEN MIT SCHOKOLADENSAUCE UND ERDBEEREN

Für 4 Personen
Zubereitungszeit: 40 Minuten
Backzeit: 30 Minuten

ZUTATEN

FÜR DEN KUCHEN

60 ml neutrales Pflanzenöl, plus mehr für die Form
75 g Mandeln, blanchiert und gemahlen, plus mehr für die Form
200 g Zucchini
100 g Weizenmehl Type 405
75 g Zucker
Salz
2 gestrichene TL Backpulver
25 g Kakaopulver
2 Eier

FÜR DIE SCHOKOSAUCE

75 g Zucker
30 g Kakaopulver
50 g Zartbitterschokolade (80 % Kakaoanteil)

FÜR DIE FRÜCHTE

12 Erdbeeren
½ Tonkabohne
1 TL Vanillezucker
1 EL Puderzucker
150 g flüssige süße Sahne

ZUM ANRICHTEN

2 Stängel Zitronenmelisse

ZUBEREITUNG

Den Backofen auf 180 °C Ober-/Unterhitze vorheizen. Eine Backform (etwa 20 cm Durchmesser) mit Öl einfetten und mit Mandeln ausstreuen.

Für den Teig Zucchini waschen, Enden abschneiden und grob raspeln. Gut ausdrücken und mit Mehl, Mandeln, Zucker, 1 Prise Salz, Backpulver, Kakao, Öl und Eiern glatt rühren. Die Masse in die Form füllen und im vorgeheizten Backofen 30 Minuten backen. Auskühlen lassen. Dann den Kuchen aus der Form lösen und in vier Stücke schneiden.

Für die Schokosauce Zucker mit 75 ml Wasser aufkochen und beiseitestellen. Kakao und Schokolade zugeben und kurz mit dem Stabmixer vermengen. Auf Zimmertemperatur abkühlen lassen.

Für die marinierten Früchte die Erdbeeren waschen. Tonkabohne fein reiben und zusammen mit Vanillezucker unter den Puderzucker mischen. Die Sahne kurz vor dem Servieren steif schlagen, die Puderzuckermischung einrieseln lassen.

ANRICHTEN

Den Zucchinikuchen auf Teller setzen. Mit der Schokoladensauce überziehen, einen Tupfen Sahne daraufgeben und mit Erdbeeren und Zitronenmelisse garnieren.

GRATINIERTER ZIEGENKÄSE, SÜSS-SAURE HIMBEEREN UND LAVENDELHONIG

Für 4 Personen
Zubereitungszeit: 30 Minuten
Garzeit: 10 Minuten

ZUTATEN

FÜR DEN COUSCOUS

120 ml Gemüsebrühe
75 g Couscous
½ Bund Schnittlauch
Salz
frisch gemahlener schwarzer Pfeffer
Saft von ½ Limette
1 EL Olivenöl

FÜR DAS KOMPOTT

2 EL Zucker
3 EL Himbeeressig
300 g Himbeeren

FÜR DEN ZIEGENKÄSE

2 EL gemahlener Mohnsamen
1 EL Semmelbrösel
1 EL weiche Butter
4 Scheiben Ziegenkäse mit Edelschimmelrinde (à 50 g)

ZUM ANRICHTEN

2 EL Lavendelhonig

ZUBEREITUNG

Für den Couscous die Gemüsebrühe aufkochen, den Couscous damit übergießen und 5 Minuten quellen lassen. Schnittlauch waschen, trockentupfen und fein schneiden. Den gequollenen Couscous mit Salz, Pfeffer, Limettensaft, Olivenöl und Schnittlauch mischen.

Für das Himbeerkompott Zucker in einem kleinen Topf karamellisieren. Himbeeressig und die Hälfte der Himbeeren zugeben. Aufgedeckt bei niedriger Temperatur einkochen lassen. Dann die übrigen Himbeeren unterrühren und zum Durchziehen beiseitestellen.

Den Backofengrill auf 250 °C vorheizen. Für den Ziegenkäse Mohn mit Semmelbröseln und Butter verrühren. Den Ziegenkäse auf ein mit Backpapier belegtes Backblech setzen und die Mohn-Mischung darauf verteilen. Unter dem vorgeheizten Backofengrill unter Aufsicht gratinieren.

ANRICHTEN

Den Couscous auf Tellern verteilen, dazu in einen Vorspeisenring füllen, dann den Ring vorsichtig hochziehen. Einen überbackenen Ziegenkäse daraufsetzen. Die Himbeeren um den Couscous herum verteilen und zuletzt den Käse mit Lavendelhonig beträufeln.

KALTE TOMATEN-ERDBEER-SUPPE MIT FILOSTANGEN

Für 4 Personen
Zubereitungszeit: 25 Minuten
Ziehzeit: 2 Stunden
Garzeit: 12 Minuten

ZUTATEN

FÜR DIE SUPPE

3 Stängel Basilikum
500 g Erdbeeren
500 g sehr reife Tomaten
2 EL Zucker
2 EL weißer Balsamico
Salz
frisch gemahlener schwarzer Pfeffer

FÜR DIE FILOSTANGEN

2 Blätter Filoteig
50 g Butter
3 EL Semmelbrösel
frische Meerrettichwurzel (etwa 2 cm lang)

ZUBEREITUNG

Für die Suppe Basilikum waschen, trockentupfen, die Blätter abzupfen. Erdbeeren abbrausen und putzen, Tomaten waschen, Blütenansatz herausschneiden. Beides würfeln, mit Zucker, Essig und den Basilikumstielen in einer Schüssel mischen. 2 Stunden abgedeckt Saft ziehen lassen. Anschließend die Mischung fein pürieren und durch ein Sieb passieren. Den Sud auffangen und kalt stellen.

Den Backofen auf 200 °C Ober-/Unterhitze vorheizen. Für die Filostangen den Filoteig ausbreiten, halbieren, mit etwas Butter einstreichen und die Semmelbrösel und den frisch geriebenen Meerrettich darauf verteilen. Jeweils zu einem dünnen langen Stäbchen aufrollen. Auf ein mit Backpapier ausgelegtes Backblech legen. Mit der übrigen Butter bestreichen und im vorgeheizten Backofen etwa 10–12 Minuten backen.

ANRICHTEN

Die Suppe mit Salz, Pfeffer und etwas Zucker würzig abschmecken. In Schalen füllen, mit Basilikum bestreuen und mit den Filoteigstangen servieren.

SORBET

Nach dem Zwischengericht ein Sorbet servieren, siehe Seite 44–45.

ROASTBEEF VOM GRILL MIT SCHWARZEN JOHANNISBEEREN UND MANDELBLINIS

Für 4 Personen
Zubereitungszeit: 45 Minuten
Ziehzeit: 3 Stunden | Garzeit: 45 Minuten

ZUTATEN

FÜR DAS FLEISCH

3 Rosmarinzweige
2 TL ganze Szechuanpfefferkörner
600 g gut abgehangenes Roastbeef am Stück
3 EL Olivenöl

FÜR DIE BLINIS

75 g blanchierte gemahlene Mandeln
100 g Weizenmehl Type 550
1 Prise Zucker
½ TL Trockenhefe
Salz
275 ml ungesüßter Mandeldrink
1 EL sehr weiche Butter, plus mehr zum Backen
3 Eier
2 EL Mandelblättchen

FÜR DIE BOHNEN

200 g grüne Bohnen
Salz
2 Schalotten
Butter zum Braten
2 EL Sojasauce
1 Stängel Bohnenkraut
Salz
frisch gemahlener schwarzer Pfeffer

FÜR DIE JOHANNISBEEREN

250 g schwarze Johannisbeeren
2 EL Johannisbeerlikör
2 EL gereifter, dickflüssiger Balsamico

ZUBEREITUNG

Für das Fleisch Rosmarin waschen, trockentupfen und die Nadeln fein hacken. Szechuanpfeffer im Mörser zerstoßen und mit Rosmarin mischen. Das Fleisch trockentupfen, mit 1 EL Öl einstreichen und mit den Gewürzen bestreuen. 2 Stunden abgedeckt im Kühlschrank marinieren. 1 Stunde vor der Zubereitung aus dem Kühlschrank nehmen.

Für die Mandelblinis Mandeln mit Mehl, Zucker, Hefe und 1 Prise Salz in einer Schüssel mischen. Mandeldrink lauwarm erwärmen und mit Butter zur Mehlmischung geben. Eier zufügen und alle Zutaten glatt rühren. Abgedeckt 1 Stunde bei Zimmertemperatur gehen lassen.

Den Backofen auf 120 °C Ober-/Unterhitze vorheizen. Das Roastbeef in einer stark erhitzten Pfanne in 2 EL Olivenöl rundum anbraten. Auf das Ofengitter mit untergestellter Fettpfanne legen. Im vorgeheizten Backofen 45 Minuten garen.

Bohnen waschen und putzen. In wenig Salzwasser 2 Minuten garen. In Eiswasser abschrecken und abtropfen lassen. Schalotte abziehen und würfeln, dann zusammen mit den Bohnen in einer Pfanne in der Butter 5 Minuten anbraten. Bohnenkraut waschen, trockentupfen, die Blätter abzupfen. Bohnenkraut und Sojasauce zu den Bohnen geben und mit Salz und Pfeffer würzen.

Die Johannisbeeren abbrausen und in einer Schüssel mit dem Likör und dem Balsamico marinieren.

Zum Braten der Blinis etwas Butter in einer Pfanne erhitzen, den Bliniteig mit einem Esslöffel portionsweise darin verteilen und mit einigen Mandelblättchen bestreuen. Von beiden Seiten goldbraun backen.

Das Fleisch vor dem Anschneiden 10 Minuten abgedeckt ruhen lassen. Anschließend in dünne Scheiben schneiden.

ANRICHTEN

Die Bohnen mittig auf die Teller geben. Das Fleisch darauflegen. Mandelblinis außen herum verteilen und die Johannisbeeren über das Roastbeef geben. Nach Belieben mit etwas frisch gemahlenem Pfeffer und Meersalzflocken würzen.

PANNACOTTA MIT HEIDELBEEREN

Für 4 Personen
Zubereitungszeit: 30 Minuten
Kühlzeit: 2 Stunden

ZUTATEN

FÜR DEN BODEN

100 g Löffelbiskuit
75 g Butter
3 EL Schokoflocken

FÜR DIE FÜLLUNG

½ Vanilleschote
400 g flüssige Sahne
40 g Zucker
4 Blatt Gelatine

FÜR DIE SAUCE

150 g tiefgefrorene Heidelbeeren
25 g Zucker
1 Msp. Agar-Agar

ZUM ANRICHTEN

250 g Heidelbeeren
2–3 Stängel Minze

ZUBEREITUNG

Für den Boden die Löffelbiskuis in der Küchenmaschine fein mahlen. Butter schmelzen, Löffelbiskuitbrösel und Schokoflocken untermischen. In vier Dessertringe füllen, gut andrücken und kalt stellen.

Für die Füllung Vanilleschote länge aufschneiden und das Mark herauskratzen. Vanillemark, ausgekratzte Schote, Sahne und Zucker in einem Topf aufkochen, dann 30 Minuten ziehen lassen. Die Gelatine 10 Minuten in kaltem Wasser einweichen. Anschließend gut ausdrücken und in der warmen Vanillesahne auflösen. Die Pannacotta-Mischung durch ein feines Sieb gießen und in die vorbereiteten Ringe auf den Biskuitboden füllen. Abgedeckt 2 Stunden kalt stellen.

Für die Sauce die tiefgefrorenen Heidelbeeren pürieren und mit Zucker und Agar-Agar in einem Topf verrühren. Die Mischung zum Kochen bringen und 2 Minuten kochen. Die Sauce durch ein Sieb streichen und erkalten lassen.

Die Pannacotta-Törtchen aus den Ringen lösen. Dafür mit einem schmalen, in heißes Wasser getauchten Messer am Rand entlang lösen und den Ring abziehen.

ANRICHTEN

Die Törtchen auf Teller setzen, mit der Sauce beträufeln. Die frischen Heidelbeeren daraufsetzen und einige kleine Minzeblättchen darauf verteilen.

ROHER FENCHELSALAT, BUTTERMILCH UND KAPERN

Für 4 Personen
Zubereitungszeit: 30 Minuten
Ziehzeit: 2 Stunden
Garzeit: 25 Minuten

ZUTATEN

FÜR DEN SALAT

2 Fenchelknollen
Saft von ½ Zitrone
½ TL brauner Zucker
Salz
2 EL Olivenöl

FÜR DAS BUTTERMILCH-GELEE

4 Zweige Thymian
500 ml Buttermilch
1 gehäufter TL Agar-Agar

FÜR DAS TOPPING

1 TL Fenchelsamen
1 EL Puderzucker
neutrales Pflanzenöl
2 EL kleine Kapern, abgetropft (aus dem Glas)
Salz

FÜR DIE GARNELEN

4 Riesengarnelen
1 Ei
2 EL Milch
50 g Weizenmehl Type 405
100 g Pankobrösel

ZUBEREITUNG

Für den Fenchelsalat Fenchel waschen, putzen und in dünne Scheiben hobeln. Zusammen mit Zitronensaft, Zucker, 1 Prise Salz und Olivenöl in einem Vakuumbeutel vakuumieren. 2 Stunden ziehen lassen.

Für das Buttermilch-Gelee den Thymian waschen, trockentupfen und die Blätter abzupfen. Buttermilch kräftig mit Salz würzen, den Thymian und das Agar-Agar zugeben. Die Mischung aufkochen und 2 Minuten köcheln lassen. Eine flache Form mit Frischhaltefolie auslegen, die Buttermilch einfüllen und erkalten lassen.

Fenchelsamen in einer Pfanne anrösten, Puderzucker darüber stauben und karamellisieren. Auf ein Stück Backpapier verteilen und abkühlen lassen.

In einem kleinen Topf 3 cm hoch Öl erhitzen. Die Kapern auf einem Küchentuch sorgfältig trockentupfen und in dem heißen Öl frittieren. Auf Küchenpapier abtropfen lassen und wenig salzen.

Die Garnelen putzen, den Darm entfernen, waschen und trockentupfen. Das Ei mit der Milch in einer flachen Schale verquirlen. Mehl und Pankobröseln jeweils in eine weitere flache Schale geben. Die Garnelen in Mehl wenden, durch das Ei ziehen und in den Pankobrösel wenden. Anschließend im heißen Fett knusprig ausbacken. Mit einer Schaumkelle aus dem Öl heben und gut abtropfen lassen.

ANRICHTEN

Das Buttermilch-Gelee aus der Form lösen, in vier Rechtecke schneiden und mit einer Palette auf die Teller legen. Den Fenchel aus dem Beutel nehmen und etwas abtropfen lassen. Auf dem Gelee verteilen. Je eine Garnele aufsetzen und mit Fenchelsamen und Kapern bestreut servieren.

ZWEIERLEI WEISSE BOHNEN AUF GEGRILLTEN OCHSENHERZTOMATEN

Für 4 Personen
Zubereitungszeit: 45 Minuten
Einweichzeit: über Nacht
Garzeit: 1 Stunde 30 Minuten

ZUTATEN

FÜR DIE BOHNEN

250 g getrocknete weiße Bohnenkerne
3 Knoblauchzehen
1 Lorbeerblatt
3 Stangen Staudensellerie
5 getrocknete, in Öl eingelegte Tomatenfilets, plus 3 EL Öl
100 ml Weißwein
3 Stängel Bohnenkraut
Salz
frisch gemahlener schwarzer Pfeffer
150 g flüssige süße Sahne
Saft von 1 Zitrone

FÜR DIE TOMATEN

2 Ochsenherztomaten
4 EL Olivenöl
2 TL Honig
frisch gemahlener schwarzer Pfeffer

ZUM ANRICHTEN

4 Scheiben Pancetta

ZUBEREITUNG

Die Bohnen über Nacht in reichlich kaltem Wasser einweichen. Am nächsten Tag die Bohnen abgießen und mit frischem Wasser bedeckt in einem Topf zum Kochen bringen. Die ungeschälten Knoblauchzehen und das Lorbeerblatt zugeben und die Bohnen etwa 1 Stunde bei mittlerer Temperatur garen. Die Hälfte der Bohnen abschöpfen und beiseitestellen. Die übrigen Bohnen weitere 20 Minuten garen, dafür gegebenenfalls etwas Wasser nachfüllen.

Für den Bohnensalat den Sellerie waschen, die Fäden abziehen und die Stangen in dünne Scheiben schneiden. Die getrockneten Tomaten würfeln und im eigenen Öl in einer Pfanne mit dem Sellerie anschwitzen. Die beiseitegestellten Bohnen zum Sellerie geben und mit Weißwein ablöschen. Bohnenkraut zugeben, mit Salz und Pfeffer würzen und 5 Minuten sämig einkochen.

Die zweite Hälfte der Bohnen abgießen und in einen Standmixer geben. Sahne zugeben. Die gegarten Knoblauchzehen herauslesen und das weiche Fruchtfleisch zu den Bohnen in den Standmixer drücken. Mit etwas Salz und Zitronensaft würzen und alles sehr fein pürieren. Das Püree durch ein feines Sieb streichen und in einem kleinen Topf aufbewahren.

Die Ochsenherztomaten waschen und vier dicke Scheiben à 2 cm abschneiden. Die Tomaten mit Olivenöl, Honig und Pfeffer marinieren. Anschließend in einer gut erhitzten Pfanne von jeder Seite 1–2 Minuten grillen.

Das Bohnenpüree erhitzen, mit Salz und Pfeffer abschmecken.

Den Panchetta in einer Pfanne in wenig Olivenöl knusprig braten.

ANRICHTEN

Das Bohnenpüree auf eine Hälfte des Tellers, eine Scheibe Ochsenherztomate auf die andere Hälfte geben. Die marinierten Bohnen mit dem Sud auf dem Bohnenpüree verteilen. Mit frisch gemahlenem Pfeffer bestreuen und den Pancetta in das Püree stecken.

MEERESFRÜCHTE-RISOTTO MIT SAFRAN

Für 4 Personen
Zubereitungszeit: 35 Minuten
Garzeit: 30 Minuten

ZUTATEN

FÜR DEN RISOTTO

700 ml Gemüsebrühe
2 Schalotten
50 g Butter
1 Döschen Safranfäden
200 g Risottoreis
100 ml trockener Weißwein
50 g Parmesan
2 EL Crème fraîche
Salz
frisch gemahlener schwarzer Pfeffer

FÜR DIE MEERESFRÜCHTE

4 Calamaretti
4 Riesengarnelen
300 g Miesmuscheln
1 kleine Chilischote
2 EL Olivenöl
20 ml Anisschnaps
50 ml Gemüsebrühe
2 Stängel Estragon
Salz

ZUBEREITUNG

Die Gemüsebrühe in einem Topf erhitzen und heiß halten. Die Schalotten abziehen und fein würfeln. In einem Topf 20 g Butter schmelzen, Schalotten und Safran darin anschwitzen. Reis zugeben und unter Rühren ebenfalls anschwitzen. Mit Weißwein ablöschen und die Flüssigkeit verkochen lassen. Nun nach und nach die heiße Brühe zugeben. Dabei immer wieder rühren, so wird der Risotto schön cremig. Der Reis gart etwa 18 Minuten, bis er al dente ist.

Inzwischen die Calamaretti waschen, die Tentakel herausziehen, das Schild vorsichtig aus der Tube ziehen und Tuben und Tentakel in Stücke schneiden. Die Garnelen waschen, schälen und den Darm herauslösen. Die Miesmuscheln gründlich in kaltem Wasser waschen. Bereits geöffnete Muscheln aussortieren. Chilischote waschen und längs halbieren.

In einer großen Pfanne 2 EL Olivenöl erhitzen. Garnelen, Calamaretti und Muscheln darin anbraten. Mit Anisschnaps und Gemüsebrühe ablöschen und bei geschlossenem Deckel 3–4 Minuten garen. Estragon unter die Meeresfrüchte heben und mit Salz würzen. Noch geschlossene Muscheln aussortieren.

Den Risotto vom Herd nehmen, Parmesan und Crème fraîche untermischen und mit Salz und Pfeffer abschmecken.

ANRICHTEN

Den Risotto in tiefe Teller geben. Die Meeresfrüchte mit dem Sud auf dem Reis anrichten und servieren.

SORBET

Nach dem Zwischengericht ein Sorbet servieren, siehe Seite 44–45.

SCALOPPINE IN BALSAMICO MIT ARTISCHOCKEN-PAPRIKA-SUGO UND ROSMARIN-KARTOFFELN

Für 4 Personen
Zubereitungszeit: 30 Minuten
Garzeit: 25 Minuten

ZUTATEN

FÜR DEN SUGO

2 Artischocken
Saft von 1 Zitrone
1 Zwiebel
1 rote Paprika
3 EL Olivenöl
1 EL Tomatenmark
Salz
frisch gemahlener schwarzer Pfeffer
150 ml Gemüsebrühe

FÜR DIE KARTOFFELN

300 g festkochende Kartoffeln
75 ml Olivenöl
Salz
2 Zweige Rosmarin

FÜR DAS FLEISCH

5 Zweige Thymian
8 Scheiben Kalbsfilet (à etwa 100 g)
Salz
frisch gemahlener schwarzer Pfeffer
30 g Butter
100 ml Weißwein
100 g flüssige Sahne
4 EL weißer Balsamico
1 Prise Zucker

ZUBEREITUNG

Für den Sugo die Artischocken putzen. Dafür die Blätter zur Hälfte mit einem Sägemesser abschneiden. Die äußeren harten Blätter abziehen und den Stiel bis zum Artischockenherz schälen. Das »Stroh« im Inneren aushöhlen und die Artischockenböden in Zitronenwasser einlegen. Die Zwiebel abziehen und würfeln. Die Paprika waschen, entkernen und klein würfeln. Die Artischockenböden ebenso würfeln und in einer Pfanne in heißem Olivenöl 2–3 Minuten braun anbraten. Paprika und Zwiebeln zugeben und weitere 2–3 Minuten anschwitzen. Tomatenmark zugeben, mit Salz und Pfeffer würzen und mit der Gemüsebrühe aufgießen. Den Sugo 5 Minuten leise köcheln lassen.

Für die Rosmarin-Kartoffeln die Kartoffeln waschen, schälen und in 1 cm große Würfel schneiden. 10 Minuten in kaltes Wasser legen. Den Rosmarin waschen, trockentupfen, die Nadeln abzupfen. Anschließend die Kartoffeln gut abtropfen und trockentupfen. Die Kartoffeln mit dem Rosmarin in reichlich Olivenöl 5–8 Minuten knusprig und goldbraun braten. Auf Küchenpapier abtropfen lassen und mit Salz würzen.

Für die Scaloppine den Thymian waschen, trockentupfen und die Blätter abzupfen. Die Kalbsfilets leicht flach klopfen und mit Salz und Pfeffer würzen. In der heißen Butter zusammen mit dem Thymian von jeder Seite 1 Minute kräftig anbraten. Mit Weißwein ablöschen, anschließend die Sahne und den Essig angießen. Mit Salz und Zucker würzen. Kurz aufkochen und beiseitestellen.

ANRICHTEN

Das Artischockengemüse auf Teller verteilen. Je zwei Scallopine darauflegen und mit der Sauce umträufeln. Zuletzt die Kartoffelwürfel um das Gericht arrangieren.

ERDBEEREN MIT ZABAGLIONE

Für 4 Personen
Zubereitungszeit: 20 Minuten
Garzeit: 10 Minuten

ZUTATEN

500 g Erdbeeren
Saft von ½ Zitrone
2 EL echter Vanillezucker
3 Eigelb
40 g Zucker
80 ml Süßwein

ZUBEREITUNG

Die Erdbeeren abbrausen, putzen und vierteln. Mit Zitronensaft und Vanillezucker marinieren.

In einer Schüssel Eigelb mit Zucker und Süßwein verrühren. Über einem heißen Wasserbad dickschaumig aufschlagen und dabei auf 70–75 °C erhitzen.

Die Erdbeeren in Dessertgläser füllen und die Zabaglione darüberschöpfen. Rasch servieren.

WASSERMELONENSALAT, GERÖSTETER ROSMARIN UND GETRÜFFELTER LABNEH

Für 4 Personen
Zubereitungszeit: 25 Minuten
Ruhezeit: über Nacht bzw. 10 Stunden

ZUTATEN

FÜR DAS LABNEH

500 g Naturjoghurt (10 % Fettgehalt)
Salz
Trüffelöl

FÜR DEN SALAT

1 Wassermelone
3 Frühlingszwiebeln
Saft von 1 Limette
2 EL Olivenöl
Salz
frisch gemahlener schwarzer Pfeffer
Cayennepfeffer

ZUM ANRICHTEN

3 Zweige Rosmarin
2 EL Puderzucker
1 kleine weiße Sommertrüffel

ZUBEREITUNG

Für das Labneh den Joghurt in ein sauberes Küchentuch geben. Das Tuch oben zusammenfassen und in ein Sieb legen. Das Sieb über eine Schüssel hängen und im Kühlschrank über Nacht abtropfen lassen. Am nächsten Tag das Labneh aus dem Tuch in eine Schüssel geben. Mit 2 Prisen Salz und einem Spritzer Trüffelöl verrühren.

Für den Salat die Wassermelone schälen und das Fruchtfleisch in längliche Streifen schneiden. Die Frühlingszwiebeln waschen, putzen und in dünne Ringe schneiden. Beides mit Limettensaft, Olivenöl, etwas Salz, Pfeffer und Cayennepfeffer würzen.

Den Rosmarin waschen und trockentupfen. Die Nadeln abzupfen und zusammen mit dem Puderzucker in einer Pfanne erhitzen, bis der Zucker goldgelb karamellisiert. Auf einem Bogen Backpapier verteilen und abkühlen lassen.

Die Trüffel gründlich von Erd- und Sandresten befreien und säubern.

ANRICHTEN

Den Melonensalat mit dem Dressing auf Teller verteilen. Das Labneh in einem länglichen Streifen neben dem Salat anrichten. Die Trüffel dünn darüberhobeln und zuletzt den Rosmarin darüberstreuen und servieren.

TIPP

Übrig gebliebene Trüffel lässt sich in einem Schraubglas in trockenem Risottoreis im Kühlschrank aufbewahren. Den Reis kann man später zu einem leckeren Trüffel-Risotto zubereiten.

SELLERIE VOM GRILL, PFIRSICH-TRÜFFEL-MARMELADE, CROÛTONS UND SPROSSEN

Für 4 Personen
Zubereitungszeit: 30 Minuten
Garzeit: 1 Stunde

ZUTATEN

FÜR DIE MARMELADE

500 g Pfirsiche
½ TL schwarze Pfefferkörner
1 kleine eingelegte schwarze Trüffel
250 g Gelierzucker 2:1
Saft von 1 Zitrone

FÜR DAS GRILLGEMÜSE

4 kleine Sellerieknollen

FÜR DIE CROÛTONS

2 Scheiben Tramezzini-Brot
30 g Butter
1 Handvoll Sprossen

ZUM ANRICHTEN

50 g Crème fraîche
Salz
frisch gemahlener schwarzer Pfeffer
Olivenöl

ZUBEREITUNG

Für die Marmelade Pfirsiche waschen, entkernen und klein würfeln. Pfeffer im Mörser grob zerstoßen. Trüffel klein würfeln und mit Pfeffer, Gelierzucker und Zitronensaft in einem Topf mischen. 15 Minuten ruhen lassen. Anschließend unter Rühren aufkochen und 3 Minuten sprudelnd kochen lassen. Die Marmelade in sterilisierte Schraubgläser füllen und verschließen. Kopfüber 10 Minuten stehen lassen. Die Gläser vollständig erkalten lassen.

Den Grill auf 230 °C direkte Hitze vorbereiten. Die Sellerieknollen mit Schale gründlich waschen und bürsten, die Stängel und Blätter abschneiden. Die Knollen auf dem vorgeheizten Grill bei direkter Hitze und geschlossenem Deckel 1 Stunde garen. Dabei mehrmals wenden. Dann die Sellerieknollen vom Grill nehmen und die dunkle Schale abschneiden. Das weich gegarte Fruchtfleisch in Stücke teilen.

Für die Croûtons die Tramezzini-Scheiben in jeweils vier Streifen schneiden, dünn mit Butter bestreichen und auf dem Grill anrösten. Die Sprossen waschen und trockentupfen.

ANRICHTEN

Die Tramezzini-Croûtons auf Teller verteilen, mit Crème fraîche bestreichen und den Sellerie daraufgeben. Mit Salz und Pfeffer würzen. Etwas Olivenöl über den Sellerie träufeln. Die Marmelade in Tupfen um den Sellerie setzen und die Sprossen darauflegen.

ARME RITTER AUS BRIOCHE MIT SAUERRAHM-EIS, TRÜFFELHONIG UND MARINIERTEN HEIDELBEEREN

Für 4 Personen
Zubereitungszeit: 30 Minuten
Kühlzeit: 45 Minuten
(variabel, je nach Eismaschine)
Garzeit: 10 Minuten

ZUTATEN

FÜR DAS EIS

200 g flüssige Sahne
200 ml Milch
75 g Zucker
4 Eigelb
200 g Sauerrahm

FÜR DIE HEIDELBEEREN

250 g Heidelbeeren
250 ml roter Portwein
3 EL Zucker

FÜR DIE ARMEN RITTER

4 Scheiben Brioche
(Rezept siehe Seite 24)
2 Eier
50 g flüssige Sahne
50 g Butter

ZUM ANRICHTEN

2–3 EL Trüffelhonig

ZUBEREITUNG

Für das Eis Sahne und Milch in einem Topf aufkochen. Zucker und Eigelb in einer Rührschüssel verquirlen. Die aufgekochte Sahne langsam unter ständigem Rühren zum Eigelb geben. Die Schüssel über ein heißes, nicht kochendes Wasserbad stellen. Unter Rühren die Mischung auf 70–75 °C erhitzen, bis sie sämig ist und leicht gebunden. Nun durch ein Sieb in eine Schüssel gießen und den Sauerrahm unterrühren. Die Eismasse abkühlen lassen und anschließend in der Eismaschine cremig gefrieren lassen.

Die Heidelbeeren abbrausen, trockentupfen und halbieren. Den Portwein mit dem Zucker aufkochen und 2–3 Minuten sämig einkochen lassen. Die Heidelbeeren unterrühren und zum Abkühlen beiseitestellen.

Für die Armen Ritter Eier mit Sahne in einer flachen Schale verquirlen. Die Briochescheiben rund ausstechen und in der Ei-Sahne-Mischung wenden. Die Butter in einer Pfanne aufschäumen, die Briochescheiben darin von beiden Seiten knusprig und goldbraun braten.

ANRICHTEN

Die Briochescheiben auf die Teller geben. Die Heidelbeeren und dann den Sauerrahm darauf verteilen. Zuletzt mit Trüffelhonig beträufeln und rasch servieren.

FETA-CREME AUF GEGRILLTER PAPRIKA

Für 4 Personen
Zubereitungszeit: 15 Minuten

ZUTATEN

FÜR DIE CREME

1 Bund glatte Petersilie
150 g Feta (griechischer Schafskäse)
100 g Joghurt
Saft von ½ Zitrone
4 Zweige Thymian

FÜR DAS GEMÜSE

4 gegrillte eingelegte Paprikaschoten, abgetropft
1 Schalotte
4 Physalis

ZUM ANRICHTEN

2 Schalen Shizo-Kresse
1 TL Schwarzkümmel
frisch gemahlener schwarzer Pfeffer

ZUBEREITUNG

Für die Feta-Creme Petersilie waschen, trockentupfen, einige Blätter für die Garnitur beiseitelegen. Die übrigen Blätter und Stiele grob hacken. Den Feta mit Petersilie, Joghurt, Zitronensaft und Thymianblättchen in der Küchenmaschine fein pürieren. Die Zutaten von den Seiten immer wieder nach unten schieben und weiterpürieren, bis eine glatte Creme entstanden ist.

Für das Gemüse Paprika in kleine Würfel schneiden, Schalotte abziehen und in dünne Ringe schneiden. Die Physalis aus den Hülsen lösen, waschen und halbieren.

ANRICHTEN

Die Feta-Creme flach auf Teller verteilen und ausstreichen. Die Paprikawürfel auf einer Hälfte der Creme halbrund aufstreuen. Schalotten, Shizo-Kresse, Physalis und Schwarzkümmel locker darüber verteilen. Zuletzt schwarzen Pfeffer grob darübermahlen.

MEDITERRANE PASTA

Für 4 Personen
Zubereitungszeit: 15 Minuten
Garzeit: 10 Minuten

ZUTATEN

1 Zwiebel
1 Knoblauchzehe
1 kleine Chilischote
50 g schwarze Oliven, entsteint
4 EL Olivenöl
50 g Pinienkerne
2 Handvoll junger Spinat
Salz
250 g frische Tagliatelle
frisch gemahlener schwarzer Pfeffer

ZUM ANRICHTEN

Parmesan zum Hobeln

ZUBEREITUNG

Zwiebel und Knoblauch abziehen und würfeln. Chili entkernen und in Ringe schneiden. Oliven in Ringe schneiden. Olivenöl in einer Pfanne erhitzen. Zwiebeln, Knoblauch, Oliven und Pinienkerne darin anschwitzen.

Den Spinat gründlich waschen, trockentupfen und verlesen. In einem Topf reichlich Wasser zum Kochen bringen, salzen und die Tagliatelle darin nach Packungsanleitung garen. Abgießen und zur Zwiebel-Oliven-Mischung geben. Unterschwenken und mit Salz und Pfeffer würzen. Zuletzt den Spinat unter die Pasta heben.

ANRICHTEN

Die Pasta in tiefen Tellern anrichten. Den Parmesan darüberhobeln und servieren.

SOMMER IM GLAS

Für 4 Personen
Zubereitungszeit: 10 Minuten

ZUTATEN

300 g Sommerfrüchte (Melone, Ananas, Papaya, Mango)

1 Packung Kekse (etwa 200 g, Sorte nach Belieben)

600 g griechischer Joghurt

50 ml Kokoslikör (auch andere Sorte nach Belieben)

ZUM ANRICHTEN

4 Zweige Minze

ZUBEREITUNG

Die Früchte waschen, putzen und klein schneiden. Beeren abbrausen und verlesen. Die Kekse in Stücke brechen. Vier Dessertgläser mit etwas Joghurt befüllen. Einige Keksbrösel daraufstreuen und mit Kokoslikör beträufeln. Einige Früchte oder Beeren daraufgeben und die Schichtung wiederholen. Zuletzt die Minze darüberstreuen und servieren.

HERBST

Veganer Herbstgenuss

Rote-Bete-Nudeln mit Trauben, Zimtvinaigrette und veganem »Bacon«
Geschmorte Pilze mit süßsauer marinierten Zwiebeln, Kürbisblinis und Physalis
Quitten-Crumble mit Haselnüssen und Kakaosorbet

Das herbstliche Trüffelmenü

Getrüffelter Schwarzwurzel-Salat mit karamellisierten Sonnenblumenkernen
Heilbutt in Trüffelöl auf geschmortem Radicchio und Stachelbeeren
Sorbet
Entenbrust mit Trüffelbutter-Kruste auf Rahmkürbis
Trüffel-Crème brûlée mit Brombeerkompott
Gereifter Camembert mit Trüffel, Apfel, Honig und Walnüssen

Herbstliche Traditionen neu interpretiert

Kürbisbouillon, Kürbisbällchen und roh marinierter Kürbis
Schweinebraten »sous vide«, Knödelsoufflée und Holunder-Spitzkohl
Geeiste Bayrisch Creme mit Bratapfelragout

Das ultimative Blitzmenü für den Herbst

Räucherlachspralinen auf Spitzkohlsalat mit Granatapfel und Kürbiskernen
Lammragout mit Ras el-Hanout auf Süßkartoffelrösti
Süßer Chai-Couscous mit Feigen

Fernöstliche Genüsse

Sushi-Schnitte mit Avocado, Mango, Thunfisch und Sojacreme
Scharfsaure Garnelensuppe
Lachs mit Kokossauce, Pak Choi und frittierten Glasnudeln
Sorbet
Schweinebauch in Teriyaki-Sauce, Asiatische Auberginen und Süßkartoffelbällchen
Geeiste Limetten-Matcha-Mousse

Herbst in Frankreich

Entenleber-Mousse, Brioche und Feigenchutney

Gratinierte Jakobsmuscheln

Französische Fischsuppe

Sorbet

Geschmorte Ochsenbacke in Rotwein mit Pilz-Maronen-Ragout und Kartoffelgratin

Geeiste Crêpes mit Kumquats

Sonntagslunch für die ganze Familie

Kartoffelsuppe mit Bacon-Croûtons

Schweinefilet aus dem Ofen mit Wurzelgemüse und cremigen Perlgraupen

Schokokuchen, Vanilleeis und Mango-Ragout

Gourmethimmel Austria

Kürbiscreme mit gebackenem Ei

Schlutzkrapfen in Mandelbutter

Sorbet

Almochsenfilet, Kartoffel-Meerrettich-Stampf, Kürbiskern-Pesto und glasierte Perlzwiebeln

Zweierlei Marillenknödel und Holundersorbet

Tausendundeine Nacht – Gewürze in ihrer schönsten Form

Harira – Marrokanische Kichererbsensuppe

Harissa-Lamm, geschmorte Kaki und Rote-Bete-Bulgur

Atayef – Gefüllte Mini-Pfannkuchen mit Teecreme

Wilde Zeiten – Alles aus dem Wald

Reh-Carpacchio, Pfifferlings-Vinaigrette und geröstete Hanfsamen

Geschmortes Wildschwein mit Nockerln und Hagebuttensauce

Mascarpone-Eis mit Tannenspitzensirup und Waldheidelbeeren

ROTE-BETE-NUDELN MIT TRAUBEN, ZIMTVINAIGRETTE UND VEGANEM »BACON«

Für 4 Personen
Zubereitungszeit: 30 Minuten
Garzeit: 10 Minuten

ZUTATEN

FÜR DIE NUDELN

3 Knollen Rote Bete
1 Schalotte
Salz
3 EL weißer Balsamico
1 TL körniger Senf
2 TL Ahornsirup
4 EL Olivenöl
1 TL Zimtblüten

FÜR DEN »BACON«

1 EL Sojasauce
1 TL geröstetes Sesamöl
Rauchsalzflocken
½ TL Misopaste
½ TL gemahlene Senfkörner
½ TL geräuchertes Paprikapulver
1 Reisblatt (für Sommerrollen)

ZUM ANRICHTEN

200 g blaue Trauben
2 EL Walnusskerne
½ Bund Koriander

ZUBEREITUNG

Die Rote Bete waschen, schälen und mit dem Spiralschneider oder einem Sparschäler in dünne, lange Streifen schneiden. Die Schalotte abziehen und würfeln. In einer Schüssel Schalotten, 2 Prisen Salz, Balsamico, Senf, Ahornsirup und Olivenöl verrühren. Zimtblüten im Mörser zerstoßen und zugeben. Die Rote-Bete-Nudeln dazugeben und behutsam unterheben. Beiseitestellen und ziehen lassen.

Den Backofen auf 200 °C Ober-/Unterhitze vorheizen. Für den »Bacon« Sojasauce mit Sesamöl, 2 Prisen Rauchsalzflocken, Misopaste, Senfpulver und Paprikapulver verrühren. Das Reispapier für etwa 10 Sekunden in lauwarmes Wasser geben und abtropfen lassen. Anschließend auf ein mit Backpapier ausgelegtes Backblech geben und von beiden Seiten mit der Marinade bestreichen. Im vorgeheizten Backofen etwa 10 Minuten unter Aufsicht dunkelbraun backen.

Die Trauben waschen und halbieren. Die Walnusskerne grob hacken. Den Koriander waschen, trockentupfen und die Blätter abzupfen.

ANRICHTEN

Die Rote-Bete-Nudeln mit der Vinaigrette auf Teller verteilen. Die Trauben und Walnüsse über die Nudeln geben. Zuletzt den »Bacon« zerbrechen und über den Trauben-Nuss-Salat streuen. Die Korianderblätter locker darauflegen.

GESCHMORTE PILZE MIT SÜSSSAUER MARINIERTEN ZWIEBELN, KÜRBISBLINIS UND PHYSALIS

Für 4 Personen
Zubereitungszeit: 40 Minuten
Ruhezeit: 30 Minuten | Garzeit: 30 Minuten

ZUTATEN

FÜR DIE BLINIS

250 g Muskatkürbis
120 g Weizenmehl Type 550
1 TL Trockenhefe
½ TL Salz
Olivenöl zum Braten

FÜR DIE PILZE

12 Kräuterseitlinge
1 Zwiebel
1 Knoblauchzehe
2 EL Olivenöl
1 TL geräuchertes Paprikapulver
1 Msp. Chiliflocken
3 EL Sojasauce
2 TL Ahornsirup
1 TL Tomatenmark
Salz
frisch gemahlener schwarzer Pfeffer

FÜR DIE ZWIEBELN

2 Gemüsezwiebeln
½ TL Senfkörner
½ TL gemahlener Kurkuma
2 EL Weißweinessig
1 EL Zucker
Salz

ZUM ANRICHTEN

3 Stängel glatte Petersilie
1 Schale Physalis
200 g veganer Sauerrahm
Salz
frisch gemahlener schwarzer Pfeffer

ZUBEREITUNG

Für die Blinis den Kürbis waschen, schälen und entkernen. Das Fruchtfleisch fein reiben. In einer Schüssel das Mehl mit Hefe und Salz mischen. 150 ml lauwarmes Wasser und das Kürbispüree zugeben und verrühren. Abgedeckt 30 Minuten gehen lassen.

Den Backofen auf 200 °C Ober-/Unterhitze vorheizen. Für die geschmorten Pilze die Kräuterseitlinge trocken abreiben und das Fruchtfleisch mit einer Gabel am Stiel entlang in Streifen schneiden. Auf einem mit Backpapier ausgelegten Backblech verteilen. Die Zwiebel und den Knoblauch abziehen und würfeln. Beides mit Olivenöl, Paprikapulver und Chiliflocken über die Pilze verteilen und gründlich vermengen. Im vorgeheizten Backofen 18–20 Minuten garen. Anschließend Sojasauce, Ahornsirup und Tomatenmark in einer Pfanne glatt rühren, die Pilz-Zwiebel-Mischung vom Blech dazugeben und alles einige Minuten einkochen lassen. Mit Salz und Pfeffer würzen.

Für die marinierten Zwiebeln die Zwiebeln abziehen und dünne Scheiben hobeln. Senfkörner im Mörser zerstoßen und mit Kurkuma, Weißweinessig, Zucker, 2 Prisen Salz und den Zwiebeln in einen kleinen Topf geben. 1–2 Minuten erhitzen und abgedeckt beiseitestellen.

Die Petersilie waschen, trockentupfen und hacken. Die Physalis aus den Hüllen lösen und waschen. Die Hälfte davon fein hacken und mit dem Sauerrahm und der gehackten Petersilie, etwas Salz und Pfeffer verrühren. Die übrigen Physalis halbieren.

Etwas Olivenöl in einer Pfanne erhitzen und den Kürbisteig in kleinen Portionen hineingeben. Die Blinis von beiden Seiten bei mittlerer Temperatur goldbraun braten. Auf Küchenpapier abtropfen lassen.

ANRICHTEN

Die Blinis auf Teller verteilen und mit den Pilzen belegen. Die Zwiebeln abtropfen lassen und daraufgeben. Den Sauerrahm und die halbierten Physalis um die Pilze herum verteilen.

QUITTEN-CRUMBLE MIT HASELNÜSSEN UND KAKAOSORBET

Für 4 Personen
Zubereitungszeit: 30 Minuten
Gar-/Backzeit: 35 Minuten
Gefrierzeit: etwa 45 Minuten

ZUTATEN

FÜR DAS SORBET

250 ml ungesüßter Mandeldrink
100 g Zucker
40 g Kakaopulver
½ TL Meersalzflocken
3 EL Kakao-Nibs

FÜR DEN CRUMBLE

100 g Margarine, plus mehr zum Einfetten
2 Quitten
2 EL getrocknete Cranberrys
Saft von ½ Zitrone
150 ml Weißwein
2 EL Zucker
2 Sternanis
100 g Weizenmehl Type 405
1 Prise Salz
50 g brauner Zucker
50 g Haselnussblättchen

ZUBEREITUNG

Für das Sorbet den Mandeldrink mit Zucker und Kakaopulver aufkochen, glatt rühren und 5 Minuten bei mittlerer Temperatur köcheln lassen. Anschließend abkühlen lassen. Die erkaltete Mischung in der Eismaschine cremig gefrieren lassen, dann die Meersalzflocken und die Kakao-Nibs untermischen.

Den Backofen auf 200 °C Ober-/Unterhitze vorheizen. Vier ofenfeste Dessertschalen mit Margarine einfetten. Für den Crumble Quitten waschen, schälen, das Kerngehäuse herausschneiden und das Fruchtfleisch würfeln. Mit Cranberrys, Zitronensaft, Weißwein, Zucker und Sternanis in einem Topf aufkochen. Abgedeckt 15 Minuten garen. Für die Streusel das Mehl mit Margarine, Salz und braunem Zucker zu Streuseln vermengen. Die Haselnussblättchen untermischen und die Streusel kalt stellen.

Die Quitten in die vorbereiteten Schalen füllen und die Streusel darübergeben. Im vorgeheizten Backofen 15–20 Minuten goldbraun backen.

ANRICHTEN

Den Crumble auf Tellern servieren. Am Tisch eine Nocke Kakaosorbet auf die Streusel setzen und genießen.

GETRÜFFELTER SCHWARZWURZEL-SALAT MIT KARAMELLISIERTEN SONNENBLUMENKERNEN

Für 4 Personen
Zubereitungszeit: 30 Minuten
Garzeit: 10 Minuten

ZUTATEN

150 ml Gemüsebrühe
75 g Bulgur
Salz
400 g Schwarzwurzeln
Saft von 1 Zitrone
2 Schalotten
4 EL Olivenöl
2 Frühlingszwiebeln
3 getrocknete Tomaten
1 kleine eingelegte Trüffel, plus 2 EL Trüffelsaft
1 EL Honig
3 EL Apfelessig
frisch gemahlener schwarzer Pfeffer
3 EL Sonnenblumenkerne
2 EL Zucker
2 Schalen Shiso-Kresse

ZUBEREITUNG

Die Brühe aufkochen, den Bulgur und 2 Prisen Salz einstreuen. 5 Minuten leise köcheln lassen, vom Herd nehmen und abgedeckt 10 Minuten ziehen lassen.

Die Schwarzwurzel gründlich waschen und schälen. In dünne Scheiben schneiden und in Zitronenwasser legen. Schalotten abziehen und würfeln. Schwarzwurzeln und Schalotten in einer Pfanne in 2 EL Olivenöl braun braten. Inzwischen die Frühlingszwiebeln putzen, waschen und in feine Ringe schneiden. Die getrockneten Tomaten würfeln. Die Schwarzwurzeln, Frühlingszwiebeln und Tomaten zum Bulgur geben. Für das Dressing den Trüffel hacken und mit Trüffelsaft, Honig, Essig, 2 EL Olivenöl, je 2–3 Prisen Salz und Pfeffer verrühren. Den Salat damit marinieren und beiseitestellen.

Sonnenblumenkerne in einer Pfanne ohne Fettzugabe kurz anrösten. Zucker zugeben und karamellisieren. Die Mischung auf einem kleinen Bogen Backpapier verteilen und abkühlen lassen. Die Shiso-Kresse mit einer Küchenschere abschneiden.

ANRICHTEN

Den Schwarzwurzel-Salat auf Teller verteilen, die Sonnenblumenkerne und die Kresse darübergeben.

HEILBUTT IN TRÜFFELÖL AUF GESCHMORTEM RADICCHIO UND STACHELBEEREN

Für 4 Personen
Zubereitungszeit: 35 Minuten
Garzeit: 15 Minuten

ZUTATEN

FÜR DAS KOMPOTT

250 g Stachelbeeren (frisch oder tiefgekühlt und aufgetaut)
150 g eingelegte Perlzwiebeln
2 TL Zucker
75 ml Weißwein
1 Zimtstange
Salz

FÜR DEN FISCH

4 Heilbuttfilets, ohne Haut (à 180 g)
Salz
frisch gemahlener schwarzer Pfeffer
2 EL Butter
100 ml Fischfond
2 EL Trüffelöl
1 Bund Schnittlauch

FÜR DAS GEMÜSE

1 mittelgroßer Radicchio
2 EL Olivenöl
1 EL Honig
2 EL Aceto balsamico
Salz
frisch gemahlener schwarzer Pfeffer

ZUM ANRICHTEN

1 kleine Herbsttrüffel (etwa 20 g)

ZUBEREITUNG

Für das Kompott die Stachelbeeren waschen und halbieren. Die Perlzwiebeln ebenfalls halbieren. Beides mit Zucker, Weißwein, Zimt und 2 Prisen Salz in einem kleinen Topf aufkochen. 5 Minuten bei niedriger Temperatur garen. Abgedeckt beiseitestellen.

Für den Fisch die Heilbuttfilets trockentupfen, mit Salz und Pfeffer würzen. 1 EL Butter in einer Pfanne erhitzen und den Fisch darin von jeder Seite 2 Minuten anbraten. Die übrige Butter, Fischfond und Trüffelöl zugeben, abgedeckt bei niedrigster Temperatur gar ziehen lassen. Schnittlauch waschen, trockentupfen, einige Spitzen beiseitelegen. Den übrigen Schnittlauch fein schneiden und zum Fisch geben.

Für das Gemüse den Radicchio waschen und in Spalten schneiden. Eine zweite Pfanne erhitzen und den Radicchio in 2 EL Olivenöl 1 Minute anbraten. Honig und Aceto balsamico zugeben und mit Salz und Pfeffer würzen. Beiseitestellen.

Die Trüffel gründlich putzen und von allen Erd- und Sandresten befreien.

ANRICHTEN

Den Heilbutt mit den Stachelbeeren und dem Radicchio auf Teller verteilen und die Trüffel darüberhobeln.

SORBET

Nach dem Zwischengericht ein Sorbet servieren, siehe Seite 44–45.

ENTENBRUST MIT TRÜFFELBUTTER-KRUSTE AUF RAHMKÜRBIS

Für 4 Personen
Zubereitungszeit: 30 Minuten
Garzeit: 30 Minuten

ZUTATEN

FÜR DAS FLEISCH

30 g Trüffelbutter
50 g Semmelbrösel
1 Ei
Salz
2 Entenbrüste
(à etwa 250 g)
Salz
frisch gemahlener schwarzer Pfeffer

FÜR DAS GEMÜSE

1 mittelgroßer Butternutkürbis
1 Zwiebel
½ TL Zimtblüten
2 Zweige Thymian
1 EL Butter
150 ml Gemüsebrühe
100 g flüssige süße Sahne
Salz
frisch gemahlener schwarzer Pfeffer
1 Bund Kerbel

ZUBEREITUNG

Für das Fleisch Trüffelbutter mit Semmelbröseln, Ei und 1 Prise Salz verrühren. Die Masse teilen und jeweils auf Größe der Entenbrüste auf Backpapier verstreichen. Auf einen Teller legen und bis zur Verwendung im Kühlschrank aufbewahren.

Den Backofen auf 120 °C Ober-/Unterhitze vorheizen. Die Entenbrüste häuten, die Haut würfeln und in einer Pfanne bei mittlerer Temperatur auslassen und knusprig braten, dann aus dem ausgetretenen Fett schöpfen und auf Küchenpapier abtropfen lassen. Das Fleisch mit Salz und Pfeffer würzen und im heißen Entenfett von jeder Seite 2 Minuten anbraten. Anschließend auf ein Ofengitter mit untergestellter Fettpfanne legen. Im vorgeheizten Backofen 20 Minuten garen.

Für das Gemüse den Kürbis waschen, schälen und entkernen. Das Fruchtfleisch gleichmäßig würfeln. Die Zwiebel abziehen und würfeln. Die Zimtblüten im Mörser zerstoßen. Den Thymian waschen, trockentupfen und die Blätter abzupfen. Zwiebeln, Zimtblüten und Thymian in einem Topf in der heißen Butter anschwitzen. Den Kürbis zugeben und 2–3 Minuten braun anbraten. Gemüsebrühe und Sahne zugeben. Mit Salz und Pfeffer würzen und das Gemüse 10 Minuten bei niedriger Temperatur garen. Den Kerbel waschen, trockentupfen, einige Fähnchen beiseitelegen und den übrigen Kerbel hacken. Das Kürbisgemüse mit dem gehackten Kerbel mischen.

Das Fleisch aus dem Ofen nehmen. Den Backofengrill (250 °C) zuschalten. Die Trüffelkruste vom Backpapier lösen und auf die beiden Entenbrüste legen und unter dem Backofengrill 5–7 Minuten goldbraun überbacken. Das Fleisch aus dem Ofen nehmen und in Scheiben schneiden.

ANRICHTEN

Das Kürbisgemüse in tiefen Tellern anrichten und das Fleisch darauflegen. Die knusprige Entenhaut darübergeben und mit dem übrigen Kerbel garnieren.

TRÜFFEL-CRÈME BRÛLÉE MIT BROMBEERKOMPOTT

Für 4 Personen
Zubereitungszeit: 30 Minuten
Garzeit: 1 Stunde
Kühlzeit: 3–4 Stunden (oder über Nacht)

ZUTATEN

FÜR DAS KOMPOTT

300 g Brombeeren
100 g Gelierzucker 2:1
1 kleiner Zweig Rosmarin
Saft von ½ Zitrone

FÜR DIE CRÈME BRÛLÉE

1 kleine eingelegte Trüffel (etwa 15–20 g)
4 Eigelb
100 ml Milch
200 g flüssige süße Sahne
1 EL Vanillezucker
1 Prise Salz
100 g Nougatmasse

ZUM ANRICHTEN

3–4 EL Rohrohrzucker zum Bestreuen

ZUBEREITUNG

Für das Kompott die Brombeeren abbrausen und verlesen. Anschließend mit Gelierzucker, Rosmarinnadeln und Zitronensaft in einem Topf vermengen. 30 Minuten zum Saftziehen stehen lassen. Danach die Brombeeren aufkochen und 3 Minuten sprudelnd kochen lassen. Anschließend in ein Schraubglas füllen, abkühlen lassen und im Kühlschrank aufbewahren.

Den Backofen auf 100 °C Ober-/Unterhitze vorheizen. Für die Crème brûlée die Trüffel klein hacken. Eigelb mit Milch, Sahne, Vanillezucker und Salz in einer Schüssel vermengen. Über einem heißen Wasserbad unter Rühren auf 70–75 °C erhitzen. Anschließend die Creme vom Wasserbad nehmen, Nougat zugeben und in der heißen Flüssigkeit schmelzen. Die Masse durch ein feines Sieb gießen, Trüffel zugeben und alles in vier flache ofenfeste Formen füllen, auf das tiefe Backofenblech stellen, in den vorgeheizten Backofen schieben und 2–3 cm hoch heißes Wasser angießen. Die Crème brûlée im Wasserbad 1 Stunde stocken lassen, dann bei Zimmertemperatur abkühlen lassen. Vor dem Servieren mindestens 3–4 Stunden gut durchkühlen und fest werden lassen.

ANRICHTEN

Die Crème brûlée mit Zucker bestreuen und mit einem Bunsenbrenner abflämmen. Die Brombeeren in kleinen Schalen anrichten und zusammen mit den Crème-brûlée-Schalen servieren.

GEREIFTER CAMEMBERT MIT TRÜFFEL, APFEL, HONIG UND WALNÜSSEN

Für 4 Personen
Zubereitungszeit: 15 Minuten

ZUTATEN

1 sehr gut gereifter Camembert, der »läuft«
1 Apfel
50 g Walnusskerne
4 EL Honig
1 kleine Herbsttrüffel

ZUBEREITUNG

Camembert etwa 1 Stunde vor dem Servieren auf Raumtemperatur bringen.

Apfel waschen, entkernen, schälen und würfeln. In einer Pfanne zusammen mit den Walnusskernen in 1 EL Honig 1–2 Minuten dünsten, dann mit dem übrigen Honig in einer Schale verrühren.

Die Trüffel gründlich reinigen und von Erd- und Sandresten befreien.

ANRICHTEN

Den Camembert auf eine Platte legen und auf der Oberfläche ein Kreuz einschneiden. Die Edelschimmelrinde aufklappen und die Trüffel über den Käse hobeln. Den Apfel-Walnuss-Honig um den Käse herum verteilen und zum Beispiel mit einem Früchtebrot (siehe Rezept Seite 26) servieren.

KÜRBISBOUILLON, KÜRBISBÄLLCHEN UND ROH MARINIERTER KÜRBIS

Für 4 Personen
Zubereitungszeit: 45 Minuten
Garzeit: 1 Stunde 45 Minuten

ZUTATEN

FÜR ALLE GERICHTE

1 Muskatkürbis oder Gelber Zentner aus ökologischem Anbau (etwa 1–1,3 kg)

FÜR DEN MARINIERTEN KÜRBIS

½ Chilischote
Saft von 1 Orange
1 EL Olivenöl
1 TL Honig
Salz

FÜR DIE BOUILLON

1 TL Salz
2 Stangen Staudensellerie
1 kleine Lauchstange
1 Zwiebel
1 kleine Tomate
2 Sternanis
1 Zimtstange
½ TL ganze schwarze Pfefferkörner
frisch gemahlener schwarzer Pfeffer
frisch geriebene Muskatnuss

FÜR DIE KÜRBISBÄLLCHEN

1 kleine Knoblauchzehe
60 g zarte Haferflocken
½ TL Salz
1 TL Currypulver
1 Ei
100 g Semmelbrösel
neutrales Pflanzenöl zum Frittieren

ZUBEREITUNG

Den Kürbis waschen, schälen und entkernen. Die Schalen für die Bouillon aufbewahren.

Für den marinierten Kürbis 300 g des Kürbisfruchtfleischs in Julienne (sehr feine Streifen) schneiden und in einen Vakuumbeutel geben. Die Chilischote waschen, entkernen und in Ringe schneiden. Zusammen mit Orangensaft, Olivenöl, Honig und 2 Prisen Salz vakuumieren. Mindestens 1 Stunde ziehen lassen.

Für die Bouillon die Schalenabschnitte in einem Topf mit 2 l Wasser bedecken, Salz zugeben und zum Kochen bringen. Bei mittlerer Temperatur 1 Stunde köcheln lassen. Sellerie waschen, Lauch längs halbieren und gründlich waschen. Sellerie, Lauch und das restliche Kürbisfruchtfleisch in Stücke schneiden.

Den Kürbissud in einen zweiten Topf abseihen. Die Schalen werden nicht weiterverwendet. Die Zwiebel waschen und mit Schale halbieren. Die Tomate halbieren. Kürbis, Lauch, Sellerie, Zwiebel, Tomate sowie die Gewürze (außer Muskat) zugeben und erneut aufkochen. Die Bouillon 30 Minuten leise köcheln lassen. Anschließend abseihen, aufkochen und mit Salz und Muskat abschmecken.

Für die Kürbisbällchen 200 g Kürbisfruchtfleisch raspeln. Den Knoblauch abziehen und fein hacken. Kürbis, Knoblauch, Haferflocken, Salz, Currypulver und Ei vermengen. 30 Minuten abgedeckt ruhen lassen. Aus der Masse Bällchen formen und in Semmelbröseln wenden. In einem kleinen Topf 3–4 cm hoch Öl erhitzen, die Bällchen darin etwa 3 Minuten goldbraun ausbacken. Auf Küchenpapier abtropfen lassen und leicht salzen.

ANRICHTEN

Vier längliche (oder ovale) Servierplatten bereitstellen. Die Bouillon in vier hitzebeständige Gläser füllen und auf die Servierplatten stellen. Die Kürbisbällchen danebenlegen und mit dem marinierten Kürbis auf der Platte anrichten.

SCHWEINEBRATEN »SOUS VIDE«, KNÖDELSOUFFLÉE UND HOLUNDER-SPITZKOHL

Für 4 Personen
Zubereitungszeit: 30 Minuten
Garzeit: 30 Minuten, plus 10 Stunden Sous-vide-Garzeit

ZUTATEN

FÜR DAS FLEISCH

2 Pimentkörner
1 TL Kümmelsamen
½ TL ganze schwarze Pfefferkörner
1 TL Majoran, gerebelt
1 kg Schweinenacken
100 ml India Pale Ale (fruchtiges Craft Beer)
150 g Sahne

FÜR DAS SOUFFLÉE

2 altbackene Semmeln
2 EL Butter, plus mehr zum Einfetten
½ Bund glatte Petersilie
Salz
Muskatnuss
2 Eier
120 ml Milch
2 EL Semmelbrösel für die Formen

FÜR DAS GEMÜSE

1 Spitzkohl
1 Schalotte
1 EL Butter
50 ml Gemüsebrühe
50 ml dunkler Holunderbeersaft (Direktsaft)
Salz
frisch gemahlener schwarzer Pfeffer
1 TL Honig
Cayennepfeffer

ZUBEREITUNG

Ein Sous-vide-Wasserbad auf 60 °C erhitzen. Für das Fleisch Piment, Kümmel und Pfeffer im Mörser zerstoßen. Das Fleisch trockentupfen und mit den Gewürzen einreiben. Das Fleisch zusammen mit dem India Pale Ale vakuumieren und im vorbereiteten Wasserbad 10 Stunden garen.

Für das Soufflée die Semmeln sehr klein würfeln und in einer Pfanne in der heißen Butter goldbraun anrösten. Petersilie waschen, trockentupfen, die Blätter abzupfen und hacken. Die Eier trennen und das Eiweiß kalt stellen. In einer Schüssel die gerösteten Semmelwürfel mit Milch, Eigelb und Petersilie sowie etwas Salz und Muskat würzen und vermengen. Die Masse 30 Minuten ruhen lassen. Den Backofen auf 200 °C Ober-/Unterhitze vorheizen. Für ein Wasserbad eine große ofenfeste Form in den Backofen (unterster Einschub) schieben und 3 cm hoch mit Wasser befüllen. Vier Souffléeformen (etwa 6 cm Durchmesser) mit Butter einfetten und mit Semmelbröseln ausstreuen. Das Eiweiß mit 1 Prise Salz steif schlagen und unter die Semmelmasse heben. In die Förmchen füllen und im heißen Wasserbad 20 Minuten garen.

Für das Gemüse den Spitzkohl waschen, halbieren und den Strunk herausschneiden. Die Kohlhälften in feine Streifen schneiden. Die Schalotte abziehen und würfeln. Kohl und Schalotte in der Butter anschwitzen. Brühe und Holunderbeersaft zugeben, salzen und pfeffern. Den Kohl einige Minuten aufgedeckt garen und die Flüssigkeit dabei einkochen lassen. Mit Salz, Honig und Cayennepfeffer würzen.

Den Schweinebraten aus dem Vakuumbeutel nehmen. Die entstandene Flüssigkeit in einen kleinen Topf passieren und mit der Sahne in einem Topf aufkochen. 5 Minuten sämig einkochen. Mit Salz und Pfeffer würzen. Den Schweinebraten in Stücke schneiden.

ANRICHTEN

Den Spitzkohl auf Teller verteilen und jeweils ein Stück Schweinebraten daraufsetzen. Das Soufflée stürzen und dazusetzen. Die Bratensauce um das Fleisch herum träufeln und servieren.

GEEISTE BAYRISCH CREME MIT BRATAPFELRAGOUT

Für 4 Personen
Zubereitungszeit: 45 Minuten
Kühlzeit: 3–4 Stunden
Backzeit: 15 Minuten

ZUTATEN

FÜR DIE BAYRISCH CREME

½ Vanilleschote
300 ml Milch
4 Blatt Gelatine
3 Eigelb
60 g Zucker
1 Prise Salz
250 g flüssige süße Sahne

FÜR DAS RAGOUT

2–3 Äpfel
1 EL Butter
2 EL Zucker
½ unbehandelte Zitrone
1 Zimtstange
2 EL Rosinen

AUSSERDEM

2 Scheiben tiefgefrorenen Blätterteig

ZUM ANRICHTEN

Puderzucker

ZUBEREITUNG

Für die Bayrisch Creme die Vanilleschote längs aufschneiden und das Mark auskratzen. Die Milch mit Mark und Schote aufkochen. Die Gelatine 10 Minuten in kaltem Wasser einweichen. In einer Rührschüssel Eigelb mit Zucker und Salz verrühren. Die heiße Vanillemilch rasch unterrühren. Die Mischung auf einem heißen Wasserbad unter ständigem Rühren auf etwa 75 °C erhitzen. Sobald die Masse gebunden ist, vom Wasserbad nehmen. Die Gelatine gut ausdrücken und in der heißen Mischung auflösen. Anschließend durch ein Sieb in eine kalte Schüssel geben und vollständig abkühlen lassen. Die Sahne steif schlagen und unter die kalte Masse heben. Die Bayrisch Creme in eine flache Form füllen und abgedeckt etwa 3–4 Stunden gefrieren lassen.

Für das Ragout die Äpfel waschen, schälen, entkernen und das Fruchtfleisch in Spalten schneiden. In einer Pfanne die Butter mit Zucker, Zitronenschale, Zimt und Rosinen aufschäumen. Die Apfelspalten zugeben, in der Mischung wenden und etwa 5 Minuten bei mittlerer Temperatur garen.

Den Backofen auf 180 °C Ober-/Unterhitze vorheizen. Den Blätterteig jeweils etwas dünner ausrollen und auf einem mit Backpapier ausgelegten Backblech im vorgeheizten Backofen 15 Minuten backen. Anschließend abkühlen lassen.

Die Bayrisch Creme in acht Streifen (2 × 5 cm) schneiden. Aus dem Blätterteig mit einem scharfen Sägemesser ebensolche Stücke schneiden.

ANRICHTEN

Jeweils ein Stück Bayrisch Creme zwischen zwei Lagen Blätterteig setzen und auf die Teller verteilen. Mit Puderzucker bestauben und die Apfelstücke dazulegen.

RÄUCHERLACHSPRALINEN AUF SPITZKOHLSALAT MIT GRANATAPFEL UND KÜRBISKERNEN

Für 4 Personen
Zubereitungszeit: 30 Minuten

ZUTATEN

FÜR DIE RÄUCHERLACHSPRALINEN

100 g Frischkäse
2 EL scharfer Meerrettich aus dem Glas
2 EL tiefgekühlte Kräutermischung
4 Scheiben Räucherlachs

FÜR DEN SALAT

1 kleiner Spitzkohl
2 EL Granatapfelsirup
Saft von ½ Zitrone
2 EL Olivenöl
Salz
frisch gemahlener schwarzer Pfeffer

ZUM ANRICHTEN

3 EL Kürbiskerne
Kerne von ½ Granatapfel
1 Handvoll kleine Salatblätter
1 EL Kürbiskernöl

ZUBEREITUNG

Vier Mulden eines Mini-Muffinblechs oder vier Espressotassen mit Frischhaltefolie auslegen. Für die Räucherlachspralinen Frischkäse mit Meerrettich und Kräutern verrühren. Den Lachs in die Mulden geben. Den Frischkäse einfüllen und glatt streichen. Den Lachs darüberschlagen, leicht andrücken und die Frischhaltefolie oben zusammendrehen. Die Lachspraline herausheben und auf der Oberseite rund formen. So vorbereitet im Kühlschrank kalt stellen.

Für den Salat den Spitzkohl waschen, halbieren, den Strunk herausschneiden und die Hälften fein hobeln. Den Kohl mit Granatapfelsirup, Zitronensaft, Olivenöl und etwas Salz und Pfeffer marinieren.

Die Kürbiskerne in einer Pfanne ohne Fett anrösten. Die Granatapfelkerne aus der Schale lösen. Die Salatblätter abbrausen und trockentupfen.

ANRICHTEN

Den Spitzkohlsalat mittig auf Tellern verteilen, dazu in einen Vorspeisenring füllen, dann den Ring vorsichtig hochziehen. Die Lachspraline daraufsetzen. Die Salatblätter mit Kürbiskernöl und 1 Prise Salz marinieren und um den Lachs herum verteilen. Kürbiskerne und Granatapfelkerne darübergeben und servieren.

LAMMRAGOUT MIT RAS EL-HANOUT AUF SÜSSKARTOFFELRÖSTI

Für 4 Personen
Zubereitungszeit: 25 Minuten
Garzeit: 20 Minuten

ZUTATEN

FÜR DAS FLEISCH

4 Lammlachse (à etwa 180–200 g)
2 TL Ras el-Hanout
2 rote Zwiebeln
1 Packung vorgegarte Maronen (150 g)
2 EL Olivenöl
50 g getrocknete Kirschen
250 ml Lammfond
Salz
frisch gemahlener schwarzer Pfeffer

FÜR DIE RÖSTI

2 große Süßkartoffeln
1 Eigelb
½ TL Salz
2 EL Kartoffel- oder Speisestärke
3–4 EL Olivenöl

FÜR DEN DIPP

4 Stängel Minze
4 Stängel glatte Petersilie
300 g Joghurt
1 TL Ahornsirup
Salz
frisch gemahlener schwarzer Pfeffer

ZUBEREITUNG

Für das Fleisch die Lammlachse trockentupfen, in Streifen schneiden und mit Ras el-Hanout würzen. Zwiebeln abziehen und in dünne Spalten schneiden. Maronen aus der Packung nehmen und vereinzeln. Olivenöl in einer großen Pfanne erhitzen. Das Fleisch darin 2–3 Minuten anbraten. Zwiebeln zugeben und anschwitzen. Maronen, Kirschen und Fond hinzufügen. Mit Salz und Pfeffer würzen und 3–4 Minuten einkochen.

Für die Rösti Süßkartoffeln waschen, schälen und auf der groben Seite der Küchenreibe raspeln. Mit Eigelb, Salz und Kartoffelstärke vermengen. In einer Pfanne im heißen Olivenöl aus der Masse acht Rösti ausbraten, auf Küchenpapier abtropfen lassen und mit Salz würzen.

Für den Dipp Minze und Petersilie waschen, trockentupfen und fein hacken. Beides mit dem Joghurt, Ahornsirup, Salz und Pfeffer verrühren.

ANRICHTEN

Die Rösti auf Teller verteilen, das Lammragout danebensetzen, mit dem Minzjoghurt servieren.

SÜSSER CHAI-COUSCOUS MIT FEIGEN

Für 4 Personen
Zubereitungszeit: 20 Minuten

ZUTATEN

FÜR DEN COUSCOUS

200 ml Apfelsaft
2 TL loser Chai-Gewürztee (ersatzweise 2 Teebeutel)
120 g Couscous

FÜR DAS KOMPOTT

4 Feigen
1 EL Honig
Saft von ½ Zitrone
2 TL Sesamsamen

ZUM ANRICHTEN

4 Kugeln Zimteis

ZUBEREITUNG

Für den Couscous den Apfelsaft mit dem Chai-Tee aufkochen. 10 Minuten ziehen lassen. Anschließend erneut erhitzen und durch ein Sieb über den Couscous gießen. 5 Minuten quellen lassen.

Für das Kompott die Feigen vierteln und in einer Pfanne mit Honig, Zitronensaft und Sesam kurz erhitzen.

ANRICHTEN

Den Couscous in Schalen füllen. Die Feigen mit dem Sud daraufgeben und mit einer Kugel Eis servieren.

SUSHI-SCHNITTE MIT AVOCADO, MANGO, THUNFISCH UND SOJACREME

Für 4 Personen
Zubereitungszeit: 30 Minuten
Ruhe- und Abkühlzeit: etwa 1 Stunde
Garzeit: 20 Minuten

ZUTATEN

FÜR DAS SUSHI

200 g Sushi-Reis
2 EL Reisessig
½ TL Salz
1 ½ TL Zucker
1 Avocado
½ Mango
1 kleine Chilischote
1 Stück Ingwer (etwa 2 cm lang)
½ Limette
200 g sehr frisches Thunfischfilet (Sushi-Qualität)
2 TL Wasabipaste
1 Nori-Blatt

FÜR DIE CREME

75 ml ungesüßter Sojadrink
1 TL mittelscharfer Senf
150 ml neutrales Pflanzenöl
2 EL geröstetes Sesamöl
2–3 EL Sojasauce
Saft von ½ Limette
Salz
frisch gemahlener schwarzer Pfeffer

ZUM ANRICHTEN

½ Bund Koriander

ZUBEREITUNG

Für das Sushi den Reis in einer Schüssel waschen, dabei das Wasser mehrfach wechseln, bis es klar bleibt. Dann den Reis abgießen und mit 300 ml kaltem Wasser in einen Topf geben. 10 Minuten quellen lassen, anschließend 10 Minuten bei niedriger Temperatur abgedeckt erwärmen. Dann 10 Minuten bei höchster Temperatur kochen. Den Reis anschließend in eine flache Schüssel (kein Metall) umfüllen und etwas auflockern. Den Reisessig mit Salz und Zucker aufkochen. Heiß über den Reis gießen und locker unterheben. Den Reis auf Zimmertemperatur abkühlen lassen.

Die Avocado halbieren, schälen, entkernen und in dünne Scheiben schneiden. Die Mango schälen, das Fruchtfleisch seitlich am Kern entlang in dünnen Scheiben abschneiden und klein würfeln. Die Chilischote waschen, entkernen, den Ingwer schälen, beides fein hacken, mit den Mangowürfeln vermengen und mit Limettensaft würzen.

Den Thunfisch in dünne Scheiben schneiden. Nori-Blatt mit der rauhen Seite nach oben auslegen. Die Hälfte vom Reis darauf verteilen und flach drücken. Dünn mit Wasabipaste bestreichen. Nun den Thunfisch darauf auslegen. Eine weitere Schicht Reis daraufgeben und andrücken. Die Mangomischung auf dem Reis verteilen und das Sushi im Kühlschrank abgedeckt 30 Minuten stehen lassen.

Für die Sojacreme Sojadrink mit Senf in einen hohen Mixbecher geben und verquirlen. Öl nach und nach bei laufendem Stabmixer dazugeben und alles zu einer cremigen Mayonnaise aufschlagen. Sesamöl, Sojasauce, Limettensaft, Salz und Pfeffer zugeben und kräftig abschmecken.

Das Sushi in zwölf gleich große Würfel schneiden.

ANRICHTEN

Die Sushi-Würfel auf Teller setzen, die Sojacreme in Tupfen außenherum verteilen und den Koriander dekorativ darüberstreuen.

SCHARFSAURE GARNELENSUPPE

Für 4 Personen
Zubereitungszeit: 20 Minuten
Garzeit: 30 Minuten

ZUTATEN

20 Riesengarnelen (Black Tiger 26/30)
2 kleine Karotten
70 g Zuckerschoten
1 Stück Ingwer (3 cm lang)
2 Schalotten
1 Knoblauchzehe
3 Chilischoten
2 Kaffirlimettenblätter
2 EL Olivenöl
50 ml Sake (Reiswein)
800 ml Gemüsebrühe
2 EL Fischsauce
1 Limette
1 TL Ahornsirup
Salz

ZUM ANRICHTEN

½ Bund Koriander
3 EL Mungobohnensprossen

ZUBEREITUNG

Die Garnelen waschen, trockentupfen, schälen und den Darm entfernen. Karotten und Zuckerschoten waschen, Karotten schälen und beides in dünne Streifen schneiden.

Den Ingwer schälen, Schalotten und Knoblauch abziehen, alles klein schneiden. Die Chilischoten waschen und längs halbieren. Die vorbereiteten Zutaten und das Kaffirlimettenblatt in einem Topf im heißen Öl anschwitzen. Mit Sake ablöschen und die Gemüsebrühe aufgießen. Zum Kochen bringen, 20 Minuten bei niedriger Temperatur köcheln lassen. Die Suppe in einen zweiten Topf abseihen. Mit Fischsauce, Limettensaft einer halben Limette, Ahornsirup und etwas Salz würzig abschmecken. Die Karotten und die Zuckerschoten in die Suppe geben und 5 Minuten darin garen. Die Garnelen zugeben und 2–3 Minuten ziehen lassen.

Den Koriander abbrausen und trockenschütteln. Die Sprossen waschen. ½ Limette in Spalten schneiden und zum Servieren bereitstellen.

ANRICHTEN

Die Suppe in tiefen Schalen anrichten, Koriander und Sprossen darauf verteilen. Die Limettenspalten dazu servieren.

LACHS MIT KOKOSSAUCE, PAK CHOI UND FRITTIERTEN GLASNUDELN

Für 4 Personen
Zubereitungszeit: 20 Minuten
Ziehzeit: 2 Stunden
Garzeit: 20 Minuten

ZUTATEN

FÜR DEN FISCH

3 Stangen Zitronengras
1 unbehandelte Zitrone
1 EL Kokosöl
300 ml Kokosmilch
300 ml Gemüsebrühe
Salz
frisch gemahlener schwarzer Pfeffer
1 Lachsfilet ohne Haut (etwa 400 g)

FÜR DAS GEMÜSE

4 kleine Pak Choi
1 EL geröstetes Sesamöl
2 EL Sojasauce
Zucker
100 ml neutrales Pflanzenöl
20 g Glasnudeln

ZUBEREITUNG

Für den Lachs das Zitronengras mit dem Messerrücken etwas andrücken und klein schneiden. Die Zitrone heiß waschen und die Schale mit dem Sparschäler dünn abziehen. Das Kokosöl in einer Pfanne erhitzen und Zitronengras mit Zitronenschale anschwitzen. Kokosmilch und Gemüsebrühe angießen und aufkochen. 10 Minuten leise köcheln lassen. Anschließend 2 Stunden abgedeckt beiseitestellen und ziehen lassen. Danach den Kokossud abseihen, aufkochen und mit Salz, Pfeffer und etwas Zitronensaft würzen. Das Lachsfilet trockentupfen und in zwölf gleich große Würfel schneiden. Den Lachs in den heißen Sud legen und darin etwa 5 Minuten bei niedriger Temperatur abgedeckt garen. Zwischendurch einmal wenden.

FÜR DAS GEMÜSE

Pak Choi waschen, trockentupfen und längs vierteln. Sesamöl in einer Pfanne erhitzen und Pak Choi darin kurz scharf anbraten. Mit Sojasauce und 1 Prise Zucker würzen.

In einem kleinen Topf das Pflanzenöl erhitzen. Die Glasnudeln darin kurz frittieren und auf Küchenpapier abtropfen lassen.

ANRICHTEN

Den Kokossud in tiefe Teller füllen, den Pak Choi und den Lachs hineingeben und die Glasnudeln darauf verteilen.

SORBET

Nach dem Zwischengericht ein Sorbet servieren, siehe Seite 44–45.

SCHWEINEBAUCH IN TERIYAKI-SAUCE GESCHMORT, ASIATISCHE AUBERGINEN UND SÜSSKARTOFFELBÄLLCHEN

Für 4 Personen
Zubereitungszeit: 45 Minuten
Garzeit: 5 Stunden

ZUTATEN

FÜR DAS FLEISCH

1 Gemüsezwiebel
2 Knoblauchzehen
100 ml Teriyaki-Sauce
100 ml Sake
500 g Schweinebauch, mit Schwarte
Salz

FÜR DIE KARTOFFELN

2 mittlere Süßkartoffeln (500–600 g)
1 Eigelb
25 g Speisestärke
25 g Weizenmehl Type 405, plus mehr zum Wenden
Salz
frisch gemahlener schwarzer Pfeffer
1 TL Five-Spice-Gewürz
150 g Pankobrösel
2 Eier
neutrales Pflanzenöl zum Frittieren

FÜR DAS GEMÜSE

4 lange, schmale Auberginen (violette asiatische Auberginen)
3 TL Misopaste
50 ml Gemüsebrühe
2 TL Sesamsamen
1 TL Ahornsirup
2 EL Erdnussöl

ZUM ANRICHTEN

2 Frühlingszwiebeln

ZUBEREITUNG

Den Backofen auf 140 °C Ober-/Unterhitze vorheizen. Für das Fleisch Zwiebel und Knoblauch abziehen und würfeln. Beides mit Teriyaki-Sauce, Sake und 200 ml Wasser in einen Bräter geben. Den Schweinebauch trockentupfen, die Schwarte und das Fett rautenförmig einschneiden. Rundum mit Salz einreiben und mit der Schwarte nach unten in den Sud legen. Abgedeckt im vorgeheizten Backofen 4 Stunden schmoren. Anschließend das Fleisch wenden und aufgedeckt bei 200 °C Ober-/Unterhitze 30–40 Minuten weitergaren, die Kruste aufspringen lassen und knusprig braten.

Für die Kartoffelbällchen die Süßkartoffeln waschen, mit einer Rouladennadel rundum einstechen und neben dem Bräter zum Schweinebauch in den Ofen legen (auf das Ofengitter). 1 Stunde zusammen garen. Die gegarten Süßkartoffeln aus dem Ofen nehmen, halbieren und das Fruchtfleisch aus den Schalen lösen. Mit einer Gabel zerdrücken. Eigelb, Speisestärke, Mehl, 2–3 Prisen Salz und Pfeffer sowie Five-Spice-Gewürz zugeben und vermengen. Aus der Masse Knödel formen. Diese in Mehl wenden, durch die verquirlten Eier ziehen und in den Pankobröseln wenden. Im heißen Öl knusprig und goldbraun ausbacken.

Für das Gemüse die Auberginen waschen, längs halbieren und das Fruchtfleisch mehrfach etwa 1 cm tief einschneiden. Für die Marinade die Misopaste mit Gemüsebrühe, Sesam, Ahornsirup und Erdnussöl verrühren. Die Auberginen damit bestreichen. Eine Grillpfanne erhitzen und Auberginen darin etwa 5–8 Minuten auf der Schnittfläche garen.

Den Schweinebauch aus dem Sud nehmen, den Sud pürieren und mit Salz und Pfeffer würzen. Das Fleisch in Scheiben schneiden.

Frühlingszwiebel putzen und in feine Röllchen schneiden.

ANRICHTEN

Den Schweinebauch auf Teller verteilen und die Sauce darübergeben. Die Auberginen und die Süßkartoffelbällchen darum anlegen, mit den Frühlingszwiebelröllchen bestreuen und servieren.

GEEISTE LIMETTEN-MATCHA-MOUSSE

Für 4 Personen
Zubereitungszeit: 45 Minuten
Kühlzeit: 3 Stunden

ZUTATEN

2 TL Matcha-Teepulver
2 Blatt Gelatine
2 Limetten, unbehandelt
2 Eier
80 g Zucker
1 Prise Salz
¼ Vanilleschote
1 Babyananas
1 EL Ahornsirup
2 Blätter Frühlingsrollenteig
Öl zum Frittieren
Puderzucker

ZUBEREITUNG

Das Matcha-Teepulver in eine Schale geben und mit 120 ml heißem Wasser (etwa 80 °C) aufrühren. Lauwarm abkühlen lassen. Die Gelatine 10 Minuten in kaltem Wasser einweichen. Eine Limette heiß waschen, trockentupfen und die Schale fein abreiben. Den Saft beider Limetten auspressen.

Die Eier trennen und das Eiweiß kalt stellen. Das Eigelb mit der Hälfte des Zuckers, der Hälfte des Limettensafts und dem Schalenabrieb in einer Schüssel über einem heißen Wasserbad etwa 5 Minuten lang dickschaumig aufschlagen. Die Gelatine gut ausdrücken und im heißen Ei-Zucker-Schaum auflösen. Die Creme nun auf Eiswasser kalt schlagen. Das Eiweiß mit dem Salz steif schlagen und den übrigen Zucker nach und nach einrieseln lassen. Den Eischnee unter die Matcha-Creme heben und in eine mit Frischhaltefolie ausgelegte Form (etwa 15 × 15 cm) füllen. Für 3 Stunden in das Gefrierfach stellen.

Das Mark aus der Vanilleschote kratzen. Die Ananas schälen und das Fruchtfleisch klein würfeln. Zusammen mit Vanillemark, übrigem Limettensaft und Ahornsirup verrühren.

Die Teigblätter aufrollen und in feine Streifen schneiden. In einem kleinen Topf 2 cm hoch Öl erhitzen und die Teigstreifen darin kurz knusprig ausbacken. Auf Küchenpapier abtropfen lassen und mit Puderzucker bestauben.

ANRICHTEN

Die Mousse aus der Form lösen und in Ecken schneiden. Diese zusammen mit dem Ananassalat auf Tellern anrichten. Die knusprigen Teigstreifen darauflegen und servieren.

ENTENLEBER-MOUSSE, BRIOCHE UND FEIGENCHUTNEY

Für 4 Personen
Zubereitungszeit: 1 Stunde
Zeit zum Kühlen/Gehenlassen: insgesamt 6 Stunden
Gar-/Backzeit: 40 Minuten

ZUTATEN

FÜR DAS CHUTNEY

6 frische Feigen
3 getrocknete Feigen
1 rote Zwiebel
1 EL Honig
1 getrocknete Chilischote
75 ml Rotwein
Salz
frisch gemahlener schwarzer Pfeffer
2–3 EL Aceto balsamico

FÜR DIE MOUSSE

250 g Entenleber
1 EL Butter
2 Schalotten
1 EL Honig
100 ml roter Portwein
Salz
frisch gemahlener schwarzer Pfeffer
100 g flüssige Sahne
Piment d'Espelette

FÜR DIE BRIOCHES

125 ml Milch
10 g frische Hefe
350 g Weizenmehl Type 550, plus mehr zum Bearbeiten
50 g Zucker
fein geriebene Schale von ½ unbehandelten Zitrone
1 TL Salz
75 g weiche Butter
2 Eier

ZUBEREITUNG

Für das Chutney die frischen Feigen waschen und zusammen mit den getrockneten Feigen klein würfeln. Zwiebel abziehen und würfeln. In einem kleinen Topf Honig erwärmen. Feigen, Zwiebeln und zerstoßene Chilischote anschwitzen. Mit Rotwein ablöschen und alles bei niedriger Temperatur 10 Minuten leise köcheln lassen. Zuletzt mit Salz, Pfeffer und Aceto balsamico abschmecken. In ein sauberes Glas füllen und verschlossen im Kühlschrank aufbewahren.

Für die Mousse Entenleber putzen und die Gefäße entfernen. Butter in einer Pfanne schmelzen, die Leber darin kurz scharf anbraten. Schalotten abziehen, in Würfel schneiden, zugeben und anschwitzen. Honig, Portwein, etwas Salz und Pfeffer zugeben und 2–3 Minuten einkochen. Die Masse in eine flache Schale umfüllen und abkühlen lassen, dann im Standmixer mit der Sahne fein pürieren. Mit Salz, Pfeffer und Piment d'Espelette würzig abschmecken. Die Masse in vier Portionsformen füllen, abgedeckt mindestens 5–6 Stunden kalt stellen.

Für die Brioches Milch lauwarm erwärmen und Hefe darin auflösen. Mehl in eine Schüssel geben, eine Mulde formen und die Hefemilch hineingießen. Nun mit einem Teil des Mehls zu einem dickflüssigen Brei verrühren. Abgedeckt 15 Minuten gehen lassen. Anschließend Zucker, Zitronenabrieb, Salz, Butter, ein Ei und ein Eiweiß zugeben und in der Küchenmaschine 5 Minuten lang zu einem glatten, geschmeidigen Teig verkneten. Abgedeckt 1 Stunde gehen lassen.

Acht Mulden des Muffinblechs mit Butter einfetten. Den Teig auf der leicht bemehlten Arbeitsfläche zusammenkneten und zu einer langen Rolle formen. Diese in neun gleich große Stücke teilen. Acht Teigstücke unter der Hand rund schleifen und in die vorbereiteten Muffinmulden legen. Das übrige Teigstück in acht Kugeln teilen, ebenfalls rund rollen und auf die geschliffenen Brioches legen und andrücken. Abgedeckt 45 Minuten gehen lassen.

Den Backofen rechtzeitig auf 180 °C Ober-/Unterhitze vorheizen. Die Brioches mit dem verquirlten restlichen Eigelb bestreichen und im vorgeheizten Backofen 20 Minuten backen.

ANRICHTEN

Die Brioches auf eine Platte setzen. Die Schale mit der Entenleber-Mousse danebenstellen und mit dem Chutney servieren. Nach Belieben mit frisch gemahlenem Pfeffer bestreuen.

GRATINIERTE JAKOBSMUSCHELN

Für 4 Personen
Zubereitungszeit: 15 Minuten
Garzeit: 10 Minuten

ZUTATEN

4 frische Jakobsmuscheln
1 kleine Birne
Saft von ½ Zitrone
1 EL Zucker
1 kleiner Zweig Rosmarin
2 EL Butter
2 EL Pankobrösel
Salz
frisch gemahlener schwarzer Pfeffer
2 Nelken

ZUBEREITUNG

Die Jakobsmuscheln mit einem schmalen Messer öffnen, dabei mit der Klinge an der Innenseite der flachen Muschelschale entlangfahren, um den Schließmuskel zu zerschneiden. Das weiße Muschelfleisch behutsam herauslösen und säubern. Das Corail (Rogen) ebenfalls säubern. Die Birne waschen, schälen und entkernen. Das Fruchtfleisch fein würfeln und mit Zitronensaft, Zucker und gehacktem Rosmarin marinieren. Die Muscheln und das Corail in die (gesäuberten) tiefen Muschelschalen setzen, die Birnen um das Muschelfleisch herum verteilen.

Den Backofengrill auf 250 °C Ober-/Unterhitze vorheizen. Butter schmelzen und Pankobrösel einrühren, kurz anrösten und mit Salz, Pfeffer und zerstoßenen Nelken würzen. Die Brösel auf dem Jakobsmuschelfleisch verteilen und unter dem Backofengrill unter Aufsicht goldbraun gratinieren.

ANRICHTEN

Die Jakobsmuscheln auf kleinen Tellern anrichten und servieren.

FRANZÖSISCHE FISCHSUPPE

Für 4 Personen
Zubereitungszeit: 30 Minuten
Garzeit: 20 Minuten

ZUTATEN

1 Fenchelknolle
1 Stange Lauch
1 Pastinake
1 Schalotte
1 Knoblauchzehe
1 EL Butter
1 Döschen Safranfäden
1 TL Tomatenmark
100 ml Weißwein
400 g Miesmuscheln
400 g Kabeljaufilet, ohne Haut
700 ml Fischfond
1 Lorbeerblatt
4 Zweige Thymian
Salz
frisch gemahlener schwarzer Pfeffer
Cayennepfeffer

ZUBEREITUNG

Fenchel waschen, vierteln, den Strunk herausschneiden und die Stücke in Streifen schneiden. Lauch längs halbieren, gründlich waschen und in Streifen schneiden. Pastinake waschen, schälen und ebenso schneiden. Schalotte und Knoblauch abziehen und würfeln. Butter in einem Topf schmelzen, Safran, Schalotten und Knoblauch darin anschwitzen. Das Gemüse zugeben und ebenfalls einige Minuten anschwitzen. Nun das Tomatenmark zugeben und kurz mit anschwitzen. Den Ansatz mit Weißwein ablöschen und aufkochen.

Die Miesmuscheln gründlich in kaltem Wasser waschen, bereits geöffnete Muscheln aussortieren. Den Kabeljau trockentupfen und in kleine Würfel schneiden. Muscheln zum Gemüse in den Topf geben. Zwei Kellen Fischfond zusammen mit dem Lorbeerblatt und den Thymianzweigen zugeben, abgedeckt zum Kochen bringen und 3 Minuten garen. Nun den übrigen Fischfond angießen und erhitzen. Den Kabeljau zugeben und die Suppe 5 Minuten ziehen lassen.

Die Fischsuppe mit Salz, Pfeffer und Cayennepfeffer würzig und pikant abschmecken.

ANRICHTEN

In tiefe Teller verteilen. Gegebenenfalls noch geschlossene Muscheln aussortieren.

SORBET

Nach dem Zwischengericht ein Sorbet servieren, siehe Seite 44–45.

GESCHMORTE OCHSENBACKE IN ROTWEIN MIT PILZ-MARONEN-RAGOUT UND KARTOFFELGRATIN

Für 4 Personen
Zubereitungszeit: 1 Stunde, plus 48 Stunden Sous-vide-Garzeit
Garzeit: 1 Stunde 15 Minuten

ZUTATEN

FÜR DAS FLEISCH

200 ml trockener Rotwein
600 g Ochsenbacken
1 Zwiebel
2 Karotten
1 Petersilienwurzel
1 Lorbeerblatt
3 Pimentkörner
1 TL Butter, plus 1 EL zum Braten

FÜR DAS GRATIN

4 große vorwiegend festkochende Kartoffeln
2 Eier
200 g flüssige Sahne
½ TL Salz
Muskatnuss
75 g Parmesan, gerieben

FÜR DAS RAGOUT

250 g kleine Pilze (etwa Pfifferlinge, Steinpilze …)
200 g Maronen (vakuumgegart)
2 Schalotten
1 EL Butter
30 ml weißer Portwein
100 ml Gemüsebrühe
2 EL Crème fraîche
Salz
frisch gemahlener schwarzer Pfeffer
3 EL getrocknete Cranberrys

ZUBEREITUNG

Den Rotwein aufkochen und abkühlen lassen. Die Ochsenbacken halbieren und in einen Vakuumbeutel legen. Das Gemüse waschen, putzen und in kleine Stücke schneiden. Das Gemüse, die Gewürze, 1 TL Butter und den Rotwein zum Fleisch geben und vakuumieren.

Ein Sous-vide-Wasserbad auf 68 °C erhitzen und das vakuumierte Fleisch einlegen. Im Wasserbad 48 Stunden garen. Anschließend aus dem Wasserbad nehmen, im Vakuumbeutel abkühlen lassen und über Nacht in den Kühlschrank legen. Am nächsten Tag das Wasserbad auf 75 °C erhitzen und die Ochsenbacken darin 1 Stunde erwärmen.

Den Backofen auf 180 °C Ober-/Unterhitze vorheizen. Für das Gratin die Kartoffeln waschen, schälen und gleichmäßig in dünne Scheiben schneiden. Die Scheiben in der ursprünglichen Form zusammenhalten und etwas flach drücken, sodass ein Fächer entsteht. Jede Kartoffel in eine ofenfeste Portionsform legen. In einer Schüssel Eier, Sahne, Salz und 2–3 Prisen frisch geriebene Muskatnuss vermengen. Gleichmäßig über die Kartoffeln verteilen. Im vorgeheizten Backofen 45 Minuten backen. Den Parmesan darüberstreuen und weitere 10 Minuten goldbraun überbacken.

Für das Pilz-Maronen-Ragout die Pilze putzen und trocken abreiben. Die Maronen vereinzeln. Die Schalotten abziehen und würfeln. Die Butter in einer Pfanne schmelzen und die vorbereiteten Zutaten darin 3–4 Minuten anbraten. Mit Portwein ablöschen, Brühe angießen und die Crème fraîche hineinrühren. Die Sauce 10 Minuten leise köcheln lassen. Zuletzt mit Salz und Pfeffer würzen und die Cranberrys untermischen.

Die Ochsenbacken aus dem Vakuumbeutel nehmen, in einer Pfanne in 1 EL Butter von allen Seiten anbraten. Die Flüssigkeit aus dem Vakuum durch ein Sieb in einen Topf gießen und sämig einkochen lassen. Das Fleisch in Stücke teilen. Die Sauce mit Salz und Pfeffer abschmecken.

ANRICHTEN

Die Ochsenbacken mit dem Pilz-Maronen-Ragout anrichten. Die gratinierte Kartoffel dazu servieren.

GEEISTE CRÊPES MIT KUMQUATS

Für 4 Personen
Zubereitungszeit: 45 Minuten
Kühlzeit: 4 Stunden

ZUTATEN

FÜR DAS EIS

2 unbehandelte Orangen
½ Vanilleschote
3 Eigelb
40 g Puderzucker
250 g flüssige süße Sahne
20 ml Mandellikör

FÜR DIE CRÊPES

25 g Butter, plus mehr zum Ausbacken
100 g Weizenmehl Type 405
2 Eier
1 Prise Salz
200 ml Milch

FÜR DAS KOMPOTT

250 g Kumquats
50 g Zucker
2 Sternanis

FÜR DIE SCHOKOLADENSAUCE

200 g Schokolade

ZUBEREITUNG

Für die Eismasse eine Orange waschen, trockentupfen und die Schale mit einer Haushaltsreibe dünn abreiben. Den Saft beider Orangen auspressen und in einem kleinen Topf zu Sirup einkochen. In eine Rührschüssel füllen und etwas abkühlen lassen. Das Mark der Vanilleschote herauskratzen. Eigelb mit Puderzucker, Orangenabrieb und Vanillemark zugeben und verrühren. Im heißen Wasserbad dickschaumig aufschlagen. Den Eischaum vom Wasserbad nehmen und auf Eiswasser kalt schlagen. Sahne steif schlagen und unter die abgekühlte Orangencreme heben. Eine Auflaufform mit Frischhaltefolie auslegen, die Eismasse einfüllen und abgedeckt 4–5 Stunden gefrieren lassen.

Für die Crêpes die Butter schmelzen und abkühlen lassen. Mehl mit Eiern und 1 Prise Salz verrühren. Milch und Butter unterrühren und abgedeckt 20 Minuten ruhen lassen.

Für das Kompott die Kumquats waschen, in Scheiben schneiden, Kerne entfernen. Kumquats in kochendem Wasser 2 Minuten garen und abgießen. Kumquats, Zucker, Sternanis und 100 ml Wasser zum Kochen bringen. Bei mittlerer Temperatur 15 Minuten weich kochen.

Für die Schokoladensauce die Schokolade hacken und in einer Schüssel im heißen Wasserbad schmelzen und warm stellen.

Aus der Eismasse acht längliche Streifen schneiden und diese wieder einfrieren.

Aus dem Crêpeteig acht dünne, helle Crêpes in einer Pfanne in wenig Butter ausbacken.

ANRICHTEN

Eine Crêpe auslegen, mit Schokolade beträufeln, eine zweite Crêpe darauflegen und einen Streifen Eis darin einwickeln. Auf Teller legen und die Kumquats mit dem Sirup über den Crêpes verteilen. Sofort servieren.

KARTOFFELSUPPE MIT BACON-CROÛTONS

Für 10 Personen
Zubereitungszeit: 30 Minuten
Garzeit: 50 Minuten

ZUTATEN

FÜR DIE SUPPE

1 kg mehligkochende Kartoffeln
1 Bund Suppengemüse
2 Zwiebeln
2 EL Butter
1 Lorbeerblatt
1,5 l Gemüsebrühe
Salz
200 g flüssige süße Sahne
frisch gemahlener schwarzer Pfeffer
frisch geriebene Muskatnuss

FÜR DIE CROÛTONS

200 g Frühstücks-Bacon
4 Scheiben Roggenbrot

ZUM ANRICHTEN

1 Bund glatte Petersilie

ZUBEREITUNG

Kartoffeln und Suppengemüse waschen, putzen, schälen und in Stücke schneiden. Zwiebeln abziehen und würfeln. Butter in einem Topf erhitzen und Kartoffeln, Zwiebeln und Gemüse darin 5 Minuten anschwitzen. Lorbeerblatt und Gemüsebrühe hinzufügen und mit 1 TL Salz würzen. Die Suppe aufkochen und abgedeckt bei mittlerer Temperatur 30–40 Minuten garen.

Für die Croûtons den Bacon klein würfeln und in einer Pfanne auslassen. Das Brot klein würfeln, zum Speck geben und alles zusammen goldbraun und knusprig braten.

Das Lorbeerblatt aus der Suppe entfernen und das Gemüse fein pürieren. Sahne zugeben, mit Salz, Pfeffer und Muskatnuss würzen. 5 Minuten aufkochen.

Die Petersilie waschen, trockentupfen, die Blätter abzupfen und hacken.

ANRICHTEN

Die Suppe in vorgewärmte Suppentassen füllen, mit Bacon-Croûtons und Petersilie bestreut servieren.

SCHWEINEFILET AUS DEM OFEN MIT WURZELGEMÜSE UND CREMIGEN PERLGRAUPEN

Für 10 Personen
Zubereitungszeit: 45 Minuten
Garzeit: 40 Minuten

ZUTATEN

FÜR DIE CREMIGEN GRAUPEN

2 Schalotten
3 Zweige Rosmarin
3 Knoblauchzehen
500 g mittlere Perlgraupen
2 EL Olivenöl
200 ml Weißwein (oder Gemüsebrühe)
1,3 l Gemüsebrühe
Salz
70 g Parmesan, gerieben
150 g Crème fraîche
frisch geriebene Muskatnuss

FÜR DAS FLEISCH

½ Bund Thymian
2 EL mittelscharfer Senf
2 TL Ras el-Hanout
1,5 kg Schweinefilet
Salz
frisch gemahlener schwarzer Pfeffer
2 EL Olivenöl

FÜR DAS GEMÜSE

1 Sellerieknolle
800 g Karotten (allerlei bunte Sorten)
400 g Pastinaken
2 EL Butter
4 EL Sojasauce
1 EL Honig
150 ml Gemüsebrühe
Salz
frisch gemahlener schwarzer Pfeffer
75 g Walnusskerne
1 Bund glatte Petersilie

ZUBEREITUNG

Für die cremigen Graupen die Schalotten und den Knoblauch abziehen und würfeln. Den Rosmarin waschen, trockentupfen, die Nadeln abzupfen und hacken. Schalotten, Knoblauch, Rosmarin und Graupen in einem Topf im heißen Öl anschwitzen. Mit Weißwein ablöschen und verkochen lassen. Nun die Gemüsebrühe zugeben, mit 1 TL Salz würzen und aufkochen. Die Perlgraupen 20–25 Minuten unter gelegentlichem Rühren bei mittlerer Temperatur garen. Kurz vor dem Servieren mit geriebenem Parmesan und Crème fraîche verfeinern. Mit Salz und Muskatnuss würzig abschmecken.

Den Backofen rechtzeitig auf 140 °C Ober-/Unterhitze vorheizen. Den Thymian waschen, trockentupfen, die Blätter abzupfen und klein hacken. Thymian, Senf und Ras el-Hanout verrühren. Das Fleisch trockentupfen und mit der Paste einreiben. Mit Salz und Pfeffer würzen. In einer großen Pfanne im heißen Olivenöl von allen Seiten anbraten. Das Fleisch auf das Backblech legen und im vorgeheizten Backofen 20 Minuten garen.

Das Gemüse waschen, schälen und in gleich große Scheiben schneiden. In einem Schmortopf in der heißen Butter goldbraun anbraten. Mit Sojasauce und Honig ablöschen. Die Gemüsebrühe angießen, salzen, pfeffern und abgedeckt 10 Minuten bei mittlerer Temperatur garen. Mit Salz und Pfeffer abschmecken.

Die Walnusskerne fein hacken und in einer Pfanne ohne zusätzliches Fett anrösten. Die Petersilie waschen, trockentupfen, die Blätter abzupfen und fein hacken. Walnüsse und Petersilie in einer flachen Schale mischen. Das Schweinefilet aus dem Ofen nehmen und in der Walnuss-Kräuter-Mischung wenden. Die Filets in Scheiben schneiden.

ANRICHTEN

Die Perlgraupen auf Teller geben. Das Fleisch daraufsetzen und das Gemüse um das Fleisch herum verteilen.

SCHOKOKUCHEN, VANILLEEIS UND MANGO-RAGOUT

Für 10 Personen
Zubereitungszeit: 45 Minuten
Kühlzeit: etwa 60 Minuten
Backzeit: 35 Minuten

ZUTATEN

FÜR DAS EIS

1 Vanilleschote
400 ml Milch
400 g flüssige süße Sahne
6 Eigelb
100 g Zucker

FÜR DEN KUCHEN

150 g Zartbitterschokolade
120 g Butter
80 g Zucker
3 Eier
120 g gemahlene Mandeln
50 g Weizenmehl Type 405
1 TL Backpulver
Salz

FÜR DAS RAGOUT

2 Mangos
2 Passionsfrüchte
Saft von 1 Limette
2 EL Honig

ZUM ANRICHTEN

Puderzucker

ZUBEREITUNG

Für das Eis die Vanilleschote längs aufschneiden, das Mark auskratzen. Beides zusammen mit Milch und Sahne in einem Topf aufkochen. Das Eigelb mit dem Zucker in einer Rührschüssel verrühren. Die heiße Vanillemilch langsam unter Rühren zum Eigelb geben und zügig vermengen. Im heißen Wasserbad unter Rühren auf etwa 75 °C erhitzen, bis die Eismasse cremig ist. Anschließend durch ein feines Sieb geben und abkühlen lassen. Die Eismasse in der Eismaschine cremig gefrieren lassen.

Den Backofen auf 180 °C Ober-/Unterhitze vorheizen. Den Boden einer Springform (20 cm Durchmesser) mit Backpapier auslegen. Für den Kuchen Schokolade hacken und in einem kleinen Topf bei niedrigster Temperatur schmelzen. Butter mit Zucker in der Küchenmaschine 5 Minuten schaumig schlagen. Eier einzeln zugeben und jeweils mindestens 30 Sekunden unterrühren. Schokolade, Mehl, Mandeln, Backpulver und 1 Prise Salz hinzufügen und alles zunächst auf kleinster Stufe vermengen. Anschließend 1 Minute auf höchster Stufe rühren. Die Masse in die Springform füllen und im vorgeheizten Backofen etwa 35 Minuten backen. Den Kuchen in der Form 15 Minuten abkühlen lassen. Dann aus der Form lösen und auf einem Kuchengitter vollständig erkalten lassen.

Für das Ragout die Mangos schälen und das Fruchtfleisch klein würfeln. Die Passionsfrüchte halbieren und das Mark mit einem Esslöffel herausnehmen. Die Mangowürfel mit dem Passionsfruchtmark in eine Schüssel geben. Mit Limettensaft und Honig verrühren.

Den Kuchen aus der Form lösen und in zehn Stücke schneiden.

ANRICHTEN

Je ein Kuchenstück auf einen Teller setzen und mit Puderzucker bestauben. Das Mango-Ragout daneben verteilen und eine Nocke Vanilleeis daraufsetzen.

KÜRBISCREME MIT GEBACKENEM EI

Für 4 Personen
Zubereitungszeit: 30 Minuten
Garzeit: 30 Minuten

ZUTATEN

FÜR DIE CREME

1 kleiner Muskatkürbis (etwa 600 g)
1 Zwiebel
2 Gewürznelken
1 Sternanis
¼ TL schwarze Pfefferkörner
1 EL Butter
100 ml Gemüsebrühe
50 ml Buttermilch
Salz
frisch gemahlener schwarzer Pfeffer

FÜR DIE GEBACKENEN EIER

5 Eier
50 g Sahne
75 g Weizenmehl Type 405
150 g Semmelbrösel
etwa 500 ml neutrales Pflanzenöl zum Ausbacken

ZUM ANRICHTEN

1 Handvoll Rucola
Meersalzflocken
Kürbiskernöl

ZUBEREITUNG

Für die Creme Kürbis waschen, schälen und entkernen, das Fruchtfleisch würfeln. Zwiebel abziehen und würfeln. Gewürze im Mörser zerstoßen und in einem Topf in der Butter anrösten. Kürbis und Zwiebeln zugeben und anschwitzen. Mit Gemüsebrühe aufgießen und den Kürbis abgedeckt 20 Minuten weich kochen. Den gegarten Kürbis mit dem Sud und der Buttermilch fein pürieren. Mit Salz und Pfeffer würzig abschmecken. Warm stellen.

Für die gebackenen Eier vier Eier in kochendem Wasser 4 Minuten kochen. Das übrige Ei mit der Sahne in einer flachen Schale verquirlen. Mehl und Semmelbrösel jeweils in eine weitere flache Schale füllen. Eier abgießen, kalt abschrecken und behutsam pellen. Inzwischen Öl in einem schmalen Topf erhitzen. Eier in Mehl wenden, durch das verquirlte Ei ziehen und in den Semmelbröseln wenden. Im heißen Öl knusprig und goldbraun ausbacken.

Rucola verlesen, waschen, trockentupfen.

ANRICHTEN

Die Kürbiscreme mittig auf Teller geben, etwa Espressoteller-groß verstreichen und den Rucola darauf verteilen. Je ein Ei aufsetzen, mit einigen Salzflocken bestreuen, Kürbiskernöl darum herum träufeln und servieren.

SCHLUTZKRAPFEN IN MANDELBUTTER

Für 4 Personen
Zubereitungszeit: 45 Minuten
Ruhezeit: 30 Minuten
Garzeit: 10 Minuten

ZUTATEN

FÜR DEN NUDELTEIG

100 g Roggenmehl Type 997
100 g Weizenmehl Type 550, plus mehr zum Bearbeiten
1 Eigelb
2 TL neutrales Pflanzenöl

FÜR DIE FÜLLUNG

3 Schalotten
6 Zweige Thymian
1 TL Butter
2 geräucherte Forellenfilets
3 EL flüssige süße Sahne
Salz
frisch gemahlener schwarzer Pfeffer

ZUM ANRICHTEN

50 g Butter
50 g ungeschälte Mandeln
Parmesan am Stück (nach Belieben)

ZUBEREITUNG

Für den Nudelteig Mehl mit 2 Prisen Salz mischen. Eigelb, 3 EL lauwarmes Wasser und Öl zugeben und zu einem kompakten Teig verkneten. Nach Bedarf noch etwas Wasser zugeben. Abgedeckt 30 Minuten ruhen lassen.

Für die Füllung Schalotten abziehen und würfeln. Thymian waschen, trockentupfen, die Blätter abzupfen und fein hacken. Schalotten und Thymian in einer Pfanne in der Butter anschwitzen. Forellenfilets häuten und zerzupfen. Mit der Schalottenmischung und der Sahne verrühren. Die Masse mit Salz und Pfeffer würzen.

Den Teig auf der leicht bemehlten Arbeitsfläche dünn ausrollen und mit einem Ausstecher Kreise (etwa 6–8 cm Durchmesser) ausstechen. Je 1 TL Füllung daraufgeben, die Ränder dünn mit Wasser bestreichen und zu Halbmonden zusammenklappen. Die Ränder mit Zeigefinger und Daumen in kleinen Abständen kurz fest andrücken, so entsteht ein schöner Rand.

In einem breiten Topf Wasser zum Kochen bringen, gut salzen und die Schlutzkrapfen hineingeben. Bei mittlerer Temperatur etwa 3 Minuten garen.

Die Butter in einer Pfanne aufschäumen. Die Mandeln hacken und in die Butter geben.

Die Schlutzkrapfen mit einer Schaumkelle aus dem Wasser heben, abtropfen lassen und in der Butter schwenken. Mit Salz und Pfeffer würzen.

ANRICHTEN

Die Schlutzkrapfen mit der Mandelbutter auf Teller verteilen, den Parmesan darüberhobeln.

SORBET

Nach dem Zwischengericht ein Sorbet servieren, siehe Seite 44–45.

ALMOCHSENFILET, KARTOFFEL-MEERRETTICH-STAMPF, KÜRBISKERN-PESTO UND GLASIERTE PERLZWIEBELN

Für 4 Personen
Zubereitungszeit: 1 Stunde | Garzeit: 1 Stunde

ZUTATEN

FÜR DAS FLEISCH

600 g Almochsenfilet, Mittelstück
1 TL schwarze Pfeffermischung
Salz
2 EL Olivenöl
2 Zweige Rosmarin, 4 Zweige Thymian
3 Knoblauchzehen
2 EL Butter
Meersalzflocken

FÜR DIE ZWIEBELN

150 g Perlzwiebeln
1 EL Butter
2 EL brauner Zucker
50 ml Aceto balsamico

FÜR DAS PESTO

50 g Kürbiskerne
75 ml Olivenöl
½ Bund glatte Petersilie
Saft von ½ Zitrone
1 TL Honig
Salz
3 EL Kürbiskernöl

FÜR DEN STAMPF

600 g mehligkochende Kartoffeln
Salz
20 g Butter
50 g flüssige süße Sahne, 150 ml Milch
Muskatnuss
frische Meerrettichwurzel (2–3 cm lang)

ZUM ANRICHTEN

4 Stiele Kerbel

ZUBEREITUNG

Das Fleisch 2 Stunden vor der Zubereitung aus dem Kühlschrank nehmen. Den Backofen auf 100 °C Ober-/Unterhitze vorheizen. Die Pfeffermischung im Mörser zerstoßen. Das Fleisch trockentupfen und rundum mit Salz und Pfeffer würzen. Olivenöl in einer Pfanne erhitzen und das Filet darin kurz und kräftig anbraten. Kräuter und angedrückte Knoblauchzehen mit in die Pfanne geben, die Butter zugeben und schmelzen lassen. Das Fleisch in der Butter wenden, dann auf ein Ofengitter mit untergestellter Fettpfanne legen. Die Kräuter und den Knoblauch darauflegen und im vorgeheizten Backofen 45 Minuten garen. Anschließend im ausgeschalteten Backofen weitere 10 Minuten ziehen lassen.

Für die Zwiebeln die Perlzwiebeln 10 Minuten in warmem Wasser einweichen, dann abgießen und die Zwiebeln abziehen. Butter mit braunem Zucker und Aceto balsamico in einem Topf erhitzen. Perlzwiebeln darin erhitzen und bei kleinster Temperatur 10 Minuten köcheln lassen. Abgedeckt 2 Stunden ziehen lassen.

Für das Pesto die Kürbiskerne in einer Pfanne in 1 EL Olivenöl anrösten, bis sie zu knistern beginnen, anschließend abkühlen lassen. Petersilie waschen, trockentupfen und samt Stängeln grob hacken. Kürbiskerne, Petersilie, Zitronensaft, Honig, restliches Olivenöl und 2 Prisen Salz in der Küchenmaschine zerkleinern. Die Paste mit Kürbiskernöl verrühren und umfüllen.

Für den Stampf Kartoffeln waschen, schälen, in Stücke schneiden und in wenig Wasser mit ½ TL Salz weich garen. Abgießen und im offenen Topf gut ausdämpfen. Butter, Sahne und Milch dazugeben, mit Muskatnuss würzen und alles zerstampfen. Mit Salz würzen, Meerrettich reinreiben und den Stampf warm stellen.

Das gegarte Fleisch aus dem Backofen nehmen und in vier Scheiben schneiden. Auf der Schnittfläche mit Meersalzflocken würzen.

ANRICHTEN

Den Kartoffelstampf auf Teller verteilen, dazu in einen Vorspeisenring füllen, dann den Ring vorsichtig hochziehen. Das Fleisch darauflegen und die Perlzwiebeln darumlegen. Pesto in Tupfen um das Gericht verteilen und mit Kerbelblättchen garnieren.

TIPP

Für die schwarze Pfeffermischung eignen sich Tellicherry-Pfeffer, Malabar-Pfeffer, Langer Pfeffer und Szechuan-Pfeffer.

ZWEIERLEI MARILLENKNÖDEL UND HOLUNDERSORBET

Für 4 Personen
Zubereitungszeit: 50 Minuten
Kühlzeit: etwa 45 Minuten
Garzeit: 1 Stunde 15 Minuten

ZUTATEN

FÜR DIE KNÖDEL

250 g Magerquark
2 Eigelb
100 g Weizenmehl Type 405
30 g Weichweizengrieß
1 TL Vanillezucker
½ Zitrone, Abrieb
1 Prise Salz
8 Aprikosen (oder auch Zwetschgen, Erdbeeren oder ein Stück Nussnugat)
50 g Marzipan

FÜR DAS SORBET

150 g Zucker
1 Zimtstange
2 Gewürznelken
2 Sternanis
Saft von ½ Zitrone
300 ml dunkler Holunderbeersaft (Direktsaft)

FÜR DIE BRÖSEL

½ unbehandelte Orange
2 EL Kokosflocken
50 g Butter
100 g Semmelbrösel
2 TL Kakaopulver
30 g gehackte Haselnusskerne

ZUBEREITUNG

Für die Knödel Magerquark in ein sauberes Küchentuch geben. Das Tuch zusammendrehen und in einem Sieb mit untergestellter Schüssel über Nacht im Kühlschrank abtropfen lassen. Am nächsten Tag den Quark mit Eigelb, Mehl, Grieß, Vanillezucker, Zitronenabrieb und Salz zu einem glatten Teig vermengen, dabei nicht kneten. Der Teig sollte sich trocken anfühlen. 30 Minuten abgedeckt ruhen lassen. Eine Rolle formen und in acht Stücke schneiden. Die Aprikosen waschen, halbieren, entsteinen und in die Mitte ein Stück Marzipan stecken. Ein Teigstück in der Hand flach drücken, eine vorbereitete Marille hineinlegen. Den Teig um die Frucht ziehen und rund formen. Mit den restlichen Knödeln fortfahren.

Für das Sorbet Zucker mit 100 ml Wasser, Gewürzen und Zitronensaft aufkochen. 5 Minuten köcheln lassen. Den Holunderbeersaft zugeben, unterrühren und alles abkühlen lassen. Dann abseihen und in der Eismaschine cremig gefrieren lassen.

In einem Topf reichlich Wasser zum Kochen bringen und salzen. Die Knödel darin schwach siedend 10 Minuten kochen, bis sie an die Wasseroberfläche steigen.

Für die Brösel Orangenschale fein abreiben. Kokosflocken in einer Pfanne hellbraun anrösten. Butter in einer großen Pfanne schmelzen. Semmelbrösel zugeben und bei mittlerer Temperatur langsam unter Rühren goldbraun anrösten. Die Brösel in zwei Schalen füllen. Eine Hälfte mit Kakaopulver und Haselnüssen mischen. Die andere Hälfte mit Kokosflocken und Orangenabrieb mischen. Je vier Knödel in einer Bröselsorte wenden.

ANRICHTEN

Die Knödel auf Teller verteilen. Mit je einer Nocke Holundersorbet servieren.

HARIRA – MAROKKANISCHE KICHERERBSENSUPPE

Für 4 Personen
Zubereitungszeit: 30 Minuten
Garzeit: 25 Minuten

ZUTATEN

2 TL Koriandersamen
½ TL Kreuzkümmelsamen
1 Sternanis
½ TL Zimtblüten
1 EL Butter
1 TL Tomatenmark
700 ml Gemüsebrühe
2 Karotten
150 g Kürbis
1 Zucchini
140 g gegarte Kichererbsen (aus der Dose)
50 g Suppennudeln (Muschelform)
1 Msp. Chiliflocken
Salz
frisch gemahlener schwarzer Pfeffer

ZUM ANRICHTEN

2 Frühlingszwiebeln
1 Limette
4 Stängel Koriander
dünnes Fladenbrot
150 g Joghurt

ZUBEREITUNG

Koriander, Kreuzkümmel, Sternanis und Zimtblüten im Mörser zerstoßen. In einem Topf in der Butter anrösten, bis sie zu duften beginnen. Das Tomatenmark zugeben und kurz anrösten. Die Gemüsebrühe angießen und aufkochen. Die Suppe 15 Minuten bei mittlerer Temperatur kochen lassen. Karotten, Kürbis und Zucchini waschen, putzen, schälen, den Kürbis entkernen. Das Gemüse klein würfeln. Die Kichererbsen und das Gemüse zur Suppe geben und 5 Minuten kochen lassen. Die Suppennudeln hinzufügen und weitere 3 Minuten (je nach Packungsangabe der Nudeln) garen. Die Suppe mit Chiliflocken, Salz und Pfeffer würzen. Die Frühlingszwiebeln putzen, waschen und in Ringe schneiden.

ANRICHTEN

Die Suppe in tiefe Schalen füllen und mit Frühlingszwiebeln, Limettenspalten, Koriander sowie Fladenbrot und etwas Naturjoghurt servieren.

HARISSA-LAMM, GESCHMORTE KAKI UND ROTE-BETE-BULGUR

Für 4 Personen
Zubereitungszeit: 40 Minuten
Marinierzeit: 2–3 Stunden
Garzeit: 20 Minuten

ZUTATEN

FÜR DAS FLEISCH

4 Lammlachse (à 180–200 g)
2 TL Harissa-Paste
2 EL Joghurt
1 TL körniger Senf
1 EL Olivenöl, plus 1 EL zum Braten
20 g Butter

FÜR DEN BULGUR

250 ml Rote-Bete-Saft
125 g Bulgur
1 TL Fenchelsamen
½ unbehandelte Orange
1 EL Olivenöl
Salz
frisch gemahlener schwarzer Pfeffer
½ Granatapfel
1 Bund Schnittlauch

FÜR DAS KOMPOTT

1 Kaki (Sharon)
1 EL Honig
2 Sternanis
50 ml Weißwein

ZUBEREITUNG

Für das Fleisch die Lammlachse trockentupfen. Harissa mit Joghurt, Senf und Olivenöl verrühren und das Fleisch damit einstreichen. Abgedeckt 2–3 Stunden marinieren.

Für den Bulgur den Rote-Bete-Saft erhitzen, über den Bulgur gießen und 2 Stunden ziehen lassen. Den Fenchelsamen in einer Pfanne kurz anrösten und anschließend im Mörser zerstoßen. Die Orange heiß waschen, die Schale abreiben und den Saft auspressen. Fenchelsamen, Orangensaft, Orangenabrieb und Olivenöl zum Bulgur geben, mit Salz und Pfeffer würzen und verrühren. Granatapfelkerne herauslösen, Schnittlauch waschen, trockentupfen, fein schneiden und beides unter den Bulgur mengen.

Für das Kompott die Kaki waschen, Blütenansatz entfernen und die Frucht würfeln. Honig mit Sternanis in einer Pfanne erwärmen. Kaki zugeben und kurz schmoren. Mit Weißwein ablöschen und aufgedeckt bei niedriger Temperatur garen, dabei die Flüssigkeit einkochen lassen.

Das Fleisch in einer Pfanne im heißen Olivenöl von allen Seiten kurz anbraten. Die Butter zugeben und schmelzen lassen. Das Fleisch bei niedriger Temperatur in der Pfanne gar ziehen lassen und dabei mehrmals mit der Butter übergießen.

ANRICHTEN

Das Fleisch in Scheiben schneiden. Den Bulgur mittig auf Teller geben. Das Fleisch darauflegen und die Kaki um das Gericht herum verteilen.

ATAYEF – GEFÜLLTE MINI-PFANNKUCHEN MIT TEECREME

Für 4 Personen
Zubereitungszeit: 30 Minuten
Ruhe- und Abkühlzeit: etwa 1 Stunde
Garzeit: 15 Minuten

ZUTATEN

FÜR DIE PFANNKUCHEN

100 g Weizenmehl Type 405
½ TL Trockenhefe
1 Prise Salz
1 TL Vanillezucker
75 ml Milch
1 Msp. Backpulver
Butter zum Backen

FÜR DIE CREME

2 TL loser Masala Chai (Gewürztee), alternativ 2 Teebeutel
1 gehäufter EL Zucker
1 Zitrone
2 gehäufte TL Speisestärke
25 g Butter

ZUM DEKORIEREN

2 EL Sesamsamen
2 EL gehackte Pistazienkerne
2 EL gehackte Mandeln, geröstet
Puderzucker

ZUBEREITUNG

Für den Pfannkuchenteig Mehl mit Hefe, Salz und Vanillezucker in einer Schüssel mischen. 75 ml heißes Wasser zusammen mit der Milch zugeben und alles glatt rühren. Abgedeckt 30 Minuten gehen lassen.

Für die Creme den Chai mit 100 ml kochendem Wasser aufbrühen und 10 Minuten ziehen lassen. Anschließend abseihen und abkühlen lassen. Den kalten Tee in einem Topf mit Zucker, Zitronensaft und Speisestärke mischen und unter Rühren aufkochen. 1 Minute kochen und vom Herd nehmen. Die Butter einrühren und in der heißen Masse schmelzen. Die Creme in einen Spritzbeutel mit Lochtülle füllen und kalt stellen.

Eine Pfanne erhitzen. Das Backpulver in den Pfannkuchenteig rühren. Die Pfanne dünn mit Butter einfetten. Den Teig portionsweise (Kreise von etwa 5 cm Durchmesser) hineingeben und von einer Seite goldbraun backen. Sobald auf der Oberfläche kleine Bläschen entstanden sind und der Teig nicht mehr flüssig ist, die Pfannkuchen aus der Pfanne nehmen. Die noch heißen Pfannkuchen mit der gebackenen Seite nach unten zusammenklappen und behutsam an den offenen Seiten zusammendrücken, sodass kleine Hörnchen entstehen. Auf einer Platte abkühlen lassen.

Die Teecreme in die bereits geformten Pfannkuchenhörnchen spritzen. Die Creme, die aus dem Pfannkuchen herausschaut, vorsichtig in den Sesam, die Pistazien und die Mandeln drücken.

ANRICHTEN

Die Atayef auf einer Platte anrichten, mit Puderzucker bestauben und mit schwarzem Tee oder Masala Chai servieren.

REH-CARPACCHIO, PFIFFERLINGS-VINAIGRETTE UND GERÖSTETE HANFSAMEN

Für 4 Personen
Zubereitungszeit: 30 Minuten
Kühlzeit: 1 Stunde

ZUTATEN

300 g Rehrückenfilet, ausgelöst und pariert
1 kleiner Zweig Rosmarin
1 TL gelbe Senfsaat
1 TL schwarze Pfeffermischung (etwa Langer Pfeffer, Kubeben-Pfeffer, Malabar-Pfeffer)
2 Schalotten
4 EL Weißweinessig
1 TL Zucker
1 TL Senf
3 EL Rapsöl
2 EL Walnussöl
Salz
frisch gemahlener schwarzer Pfeffer
150 g Pfifferlinge
1 EL Butter
1 kleiner Apfel
2 EL Hanfsamen
½ Bund Schnittlauch

ZUBEREITUNG

Das Rehfilet trockentupfen. Den Rosmarin waschen, trockentupfen und fein hacken. Senfsaat und Pfeffer zusammen fein mörsern. Das Filet in der Mischung wenden. Straff in Frischhaltefolie wickeln und 2 Stunden einfrieren. Das Fleisch sollte nicht durchfrieren, sondern etwa 1 cm weit anfrieren.

Für die Vinaigrette die Schalotten abziehen und fein würfeln. In einer Schüssel mit Essig, Zucker, Senf, Öl, etwas Salz und Pfeffer verrühren. Die Pfifferlinge putzen, trocken abreiben und von Erdresten befreien. In einer Pfanne in der Butter kurz kräftig anbraten, mit Salz und Pfeffer würzen und heiß zur Vinaigrette geben.

Den Apfel waschen und mit Schale in feine Streifen schneiden. Hanfsamen in einer Pfanne kurz anrösten. Schnittlauch waschen, trockentupfen und fein schneiden.

ANRICHTEN

Das Rehrückenfilet aus der Folie wickeln und in sehr feine Scheiben schneiden. Diese auf den Tellern flach auslegen. Mit der Pfifferlings-Vinaigrette beträufeln. Apfel, Hanfsamen und Schnittlauch darüber verteilen und servieren.

GESCHMORTES WILDSCHWEIN MIT NOCKERLN UND HAGEBUTTENSAUCE

Für 4 Personen
Zubereitungszeit: 1 Stunde 30 Minuten
Ruhezeit: über Nacht | Garzeit: 4 Stunden

ZUTATEN

FÜR DAS FLEISCH

5 Wacholderbeeren
2 Lorbeerblätter
1 TL schwarze Pfefferkörner
3 Pimentkörner
½ Zimtstange
1 Wildschweinschulter mit Knochen (etwa 1,5–2 kg)
1 Bund Suppengemüse
1 Zwiebel
2 Knoblauchzehen
2 EL Rapsöl
2 EL Tomatenmark
300 ml Rotwein
2 Zweige Rosmarin
4 Zweige Thymian
Salz
frisch gemahlener schwarzer Pfeffer
Muskatnuss
2 EL kalte Butter
1 EL Hagebuttenmarmelade

FÜR DIE NOCKERLN

150 g Weizenmehl Type 405
3 Eier
½ TL Salz
80 ml Milch
80 g Semmelbrösel
2 Prisen Muskatnuss
50 g Mandelblättchen

FÜR DAS GEMÜSE

300 g Rosenkohl
1 EL Butter
Salz, frisch gemahlener schwarzer Pfeffer

ZUBEREITUNG

Für das Fleisch die Gewürze im Mörser zerstoßen. Die Wildschweinschulter trockentupfen und mit der Gewürzmischung einreiben. Über Nacht (mindestens 12–14 Stunden) im Kühlschrank marinieren.

Am nächsten Tag Suppengemüse waschen, putzen und in walnussgroße Stücke schneiden. Zwiebel mit Schale waschen und vierteln. Knoblauchzehen andrücken. Einen Bräter erhitzen und das Fleisch darin im heißen Öl rundum anbraten, dann herausnehmen und das Gemüse mit Zwiebel und Knoblauch in den Topf geben. Unter gelegentlichem Rühren kräftig anrösten. Das Tomatenmark mit 2–3 EL Rotwein glatt rühren und zum Gemüse geben. Bei hoher Temperatur dunkel anrösten. 150 ml kaltes Wasser angießen, die Röststoffe vom Topfboden lösen und erneut einkochen und anrösten. Wieder 150 ml kaltes Wasser angießen und den Vorgang wiederholen. Inzwischen den Backofen auf 160 °C Ober-/Unterhitze vorheizen. Nun den Rotwein und 200 ml Wasser angießen, 1 TL Salz und die Kräuter zugeben. Das Fleisch in den Bräter legen und aufgedeckt im Ofen etwa 3–3 ½ Stunden schmoren lassen.

Für die Nockerln Mehl mit Eiern, Milch, Semmelbröseln und Salz vermengen. Mit Muskat würzen und 20 Minuten ruhen lassen.

Für das Gemüse Rosenkohl putzen, waschen und vierteln. Das Gemüse in einer Pfanne in Butter 10 Minuten bei mittlerer Temperatur anbraten. Zuletzt mit Salz und Pfeffer würzen.

In einem breiten Topf reichlich Wasser zum Kochen bringen und salzen. Aus der Nockerlmasse mit einem Teelöffel Teig abstechen und in das siedende Wasser geben. Darin garen, bis sie an die Oberfläche steigen. Abschöpfen und in eine flache Schale füllen.
2 EL Butter in einer Pfanne schmelzen, die Haselnussblättchen darin anrösten. Die Nockerln in der Haselnussbutter schwenken.

Das Fleisch ist fertig, wenn beim Einstechen mit der Fleischgabel Saft austritt. Dann den Bräter aus dem Ofen nehmen, das Fleisch herausheben und warm stellen. Den Bratensatz durch ein Sieb passieren, dabei etwas Gemüse mit durch das Sieb drücken und alles in einem Topf aufkochen. Mit Salz, Pfeffer und Muskat würzen, die kalten Butterwürfel und die Hagebuttenmarmelade hineinrühren. Den Braten in Scheiben schneiden.

ANRICHTEN

Das Fleisch mit der Sauce auf Tellern anrichten. Die Nockerln und den Rosenkohl dazulegen und servieren.

MASCARPONE-EIS MIT TANNENSPITZEN-SIRUP UND WALDHEIDELBEEREN

Für 4 Personen
Zubereitungszeit: 30 Minuten
Kühlzeit: 45 Minuten

ZUTATEN

FÜR DAS EIS

½ Vanilleschote
1 unbehandelte Zitrone
100 ml Milch
2 Eigelb
50 g Zucker
250 g Mascarpone

ZUM ANRICHTEN

2 EL Pistazienkerne
4 EL Tannenspitzensirup (ersatzweise Fichten- oder Waldhonig)
200 g Waldheidelbeeren

ZUBEREITUNG

Für das Eis die Vanilleschote längs aufschneiden und das Mark herauskratzen. Schale der Zitrone fein abreiben, Saft auspressen. Milch mit Vanillemark, Vanilleschote und Zitronenabrieb aufkochen. Eigelb mit Zucker in einer Schüssel verrühren. Die heiße Milch zugeben und verrühren. Im heißen Wasserbad unter Rühren auf etwa 75 °C erhitzen, bis die Masse cremig ist. Aus dem Wasserbad nehmen und Mascarpone unterrühren. Zuletzt den Zitronensaft untermischen. Die abgekühlte Masse in der Eismaschine cremig gefrieren lassen.

Die Pistazien hacken. Die Heidelbeeren verlesen, abbrausen und trockentupfen.

ANRICHTEN

Das Mascarpone-Eis mit einem in heißes Wasser getauchten Esslöffel zu Nocken formen und auf Dessertteller geben. Mit dem Tannenspitzensirup beträufeln. Pistazien und Waldheidelbeeren dazugeben und rasch servieren.

WINTER

Kraut und Rüben – überraschend und vegan

Rosenkohl-Apfel-Salat mit gerösteten Kernen

Sauerkrautrahmsuppe

Sorbet

Steckrübe mit Maronenkruste, Rote-Bete-Püree und Grünkohlchips

Urkarotten-Mousse mit Pistazienstreuseln

Gourmetmenü »à la Française«

Austern mit Vinaigrette

Gebackene Wachtelkeulen auf Birnen-Chutney

Bouillabaisse in zwei Gängen serviert

Lavendel-Blanc-Manger mit Mango

Ein leckerer Hüttenabend

Getrüffelter Schwammerl-Strudel mit Kren-Dipp

Käsefondue de luxe

Geeister Kaiserschmarrn

Sankt-Martins-Menü

Gänsebouillon mit Eierstich und Flädle

Gans tranchiert, Kräuterknödel und Feigen-Rotkohl

Gewürzpudding mit Cranberry-Ragout und geeistem Espressoschaum

Adventsmenü

Forellenmousse auf süßsaurem Rettichsalat

Sous-vide-Kalbstafelspitz in Wacholderöl mit Quittenragout und gebratenem Rotkohl

Bratapfel-Parfait mit Schoko-Espresso-Sauce

Weihnachten zu zweit

Süßsaure Entenleber mit Kaki

Schweinefilet auf Heu gegart mit Sellerierösti und Kürbissauce

Schoko-Tartelettes mit Erdnuss-Karamell und Blattgold

Weihnachten im großen Kreis

Ziegenkäse-Lauch-Quiche mit Radicchio-Trauben-Salat

Glasiertes Lachsfilet auf Rote-Bete-Pastasotto

Spekulatius-Eclairs mit Vanillecreme und Mandarinen

Silvestermenü

Oliven, geröstete Nüsse, Hummus, Crostinisticks

Roastbeef-Spieße mit Preiselbeer-Dipp und Rosenkohlsalat

Sorbet

Loup de Mer in der Salzkruste mit Perlgraupen-Kräuter-Risotto und Karotten in Zimtbutter

Nougatschnitten mit Portwein-Birnen-Sorbet

ROSENKOHL-APFEL-SALAT MIT GERÖSTETEN KERNEN

Für 4 Personen
Zubereitungszeit: 30 Minuten

ZUTATEN

FÜR DEN SALAT

400 g Rosenkohl
2 EL Olivenöl
1 Stück Ingwer (2 cm lang)
1 rote Zwiebel
1 rotschaliger Apfel
50 ml Apfelsaft
1 TL Senf
1 TL Zucker
4 EL Weißweinessig
3 EL Walnussöl
Salz
frisch gemahlener schwarzer Pfeffer

FÜR DIE CREME

2 kleine vorgegarte Knollen Rote Bete
2 EL Mandelmus
Saft von ½ Zitrone
2 Scheiben Sauerteigbrot

ZUM ANRICHTEN

100 g Nusskerne (Mischung)
2 EL Micro Leaves (etwa Rucola, Bockshornklee, Linsen)

ZUBEREITUNG

Für den Salat Rosenkohl waschen, putzen und vierteln. In einer Pfanne in 2 EL Olivenöl etwa 5–8 Minuten braun braten. Für das Dressing Ingwer schälen und fein reiben, Zwiebel abziehen und würfeln. Apfel waschen, entkernen und würfeln. Zusammen mit Ingwer, Zwiebel, Apfelsaft, Senf, Zucker, Essig und Öl verrühren. Das Dressing mit Salz und Pfeffer würzen. Den Rosenkohl mit dem Apfeldressing marinieren.

Für die Creme die Rote Bete in der Küchenmaschine fein pürieren. Mandelmus unterrühren und mit Salz, Pfeffer und etwas Zitronensaft abschmecken. Die Brotscheiben halbieren.

Die Nüsse grob hacken und in einer Pfanne anrösten, bis sie zu duften beginnen. Zum Abkühlen beiseitestellen.

ANRICHTEN

Das Brot mit Rote-Bete-Creme bestreichen, auf Teller legen und den Rosenkohlsalat daraufgeben. Mit Nüssen und Micro Leaves bestreut servieren.

SAUERKRAUTRAHMSUPPE

Für 4 Personen
Zubereitungszeit: 40 Minuten
Garzeit: 25 Minuten

ZUTATEN

1 EL Olivenöl
250 g frisches Sauerkraut, plus 2 EL zum Frittieren
4 Zweige Thymian
1 Sternanis
1 TL geräuchertes Paprikapulver
1 TL Zucker
600 ml Gemüsebrühe
Salz
150 ml veganer Sahneersatz
frisch gemahlener schwarzer Pfeffer
200 ml neutrales Pflanzenöl
1 EL Mehl

ZUBEREITUNG

Olivenöl in einem Topf erhitzen und Sauerkraut darin anschwitzen. Thymian waschen, trockentupfen, die Blätter abzupfen und zusammen mit den Gewürzen zum Sauerkraut geben. Zucker, Gemüsebrühe und etwa Salz zugeben und abgedeckt 15 Minuten köcheln lassen. Anschließend die Suppe fein pürieren und durch ein Sieb passieren. Die Suppe mit dem Sahneersatz aufkochen und mit Salz, Pfeffer und Zucker würzig abschmecken.

Das Öl in einem Topf auf etwa 160 °C erhitzen. Das restliche Sauerkraut gründlich trockentupfen, mit dem Mehl bestauben und auflockern. Dann in zwei Portionen im heißen Öl frittieren. Auf Küchenpapier abtropfen lassen.

ANRICHTEN

Die Suppe mit dem Stabmixer aufschäumen und in Suppenschalen füllen. Das frittierte Sauerkraut daraufgeben und servieren.

SORBET

Nach dem Zwischengericht ein Sorbet servieren, siehe Seite 44–45.

STECKRÜBE MIT MARONENKRUSTE, ROTE-BETE-PÜREE UND GRÜNKOHLCHIPS

Für 4 Personen
Zubereitungszeit: 45 Minuten
Trockenzeit: etwa 25 Minuten
Garzeit: 35 Minuten

ZUTATEN

FÜR DIE CHIPS

2–3 Blätter Grünkohl
1 EL Olivenöl
Salz

FÜR DAS GEMÜSE

1 mittelgroße Steckrübe
Salz
1 Zweig Rosmarin
1 Scheibe dunkles Sauerteigbrot (gerne altbacken)
100 g gegarte Maronen
50 g Margarine
2 EL Olivenöl
frisch gemahlener schwarzer Pfeffer

FÜR DAS PÜREE

300 g Rote Bete
150 g Knollensellerie
1 Zwiebel
1 Knoblauchzehe
3 EL Olivenöl
Salz
100 ml ungesüßter Pflanzendrink
frisch geriebene Muskatnuss

ZUBEREITUNG

Den Backofen auf 150 °C Ober-/Unterhitze vorheizen. Für die Chips Grünkohl gründlich waschen und trockentupfen. Die Blätter vom Strunk abzupfen und mit Olivenöl einreiben. Mit etwas Salz bestreuen und auf einem mit Backpapier ausgelegten Backblech verteilen. Im Ofen 10 Minuten trocknen. Zwischendurch die Ofentür öffnen, damit die Feuchtigkeit entweichen kann. Anschließend die Grünkohlblätter wenden und weitere 10–15 Minuten trocknen.

Für das Gemüse Steckrübe waschen, schälen und in 1 cm dicke Scheiben schneiden. In einem Topf mit wenig Wasser und etwas Salz 10 Minuten garen. Rosmarin waschen, trockentupfen, die Nadeln abzupfen und hacken. Das Brot würfeln und in der Küchenmaschine grob zerkleinern. Maronen hacken und mit Rosmarin, Margarine und Brotbröseln vermengen. Mit Salz und Pfeffer würzen. Die Steckrüben aus dem Topf heben und auf ein Backblech legen. Die Maronenmischung darauf verteilen. Sobald die Grünkohlchips fertig sind, den Backofengrill einschalten und die Steckrüben im Backofen (zweiter Einschub von oben) etwa 5–7 Minuten überbacken.

Für das Püree Rote Bete und Sellerie waschen, schälen und in Stücke schneiden. Zwiebel und Knoblauch abziehen und würfeln. Alles in 1 EL heißem Olivenöl anschwitzen. Mit 200 ml Wasser und etwas Salz zum Kochen bringen. Abgedeckt 30 Minuten weich kochen. Dann das Gemüse abgießen, den Sud auffangen und anderweitig verwenden. Das Gemüse zusammen mit Pflanzendrink, 1–2 Prisen Salz, Muskat und dem restlichen Olivenöl fein pürieren.

ANRICHTEN

Das Püree auf Teller verteilen und je eine Scheibe Steckrübe daraufgeben. Mit Grünkohlchips garnieren.

URKAROTTEN-MOUSSE MIT PISTAZIENSTREUSELN

Für 4 Personen
Zubereitungszeit: 40 Minuten
Kühlzeit: etwa 2 Stunden
Gar-/Backzeit: 30 Minuten

ZUTATEN

½ Vanilleschote
300 g Urkarotten
Saft von 1 Zitrone
40 g Zucker
2 unbehandelte Orangen
1 gestrichener TL Agar-Agar
50 g Pistazienkerne
50 g Weizenmehl Type 405
100 g Margarine
30 g Zucker
200 g vegane Schlagcreme

ZUBEREITUNG

Mark aus der Vanilleschote kratzen. Die Karotten waschen, schälen, in Stücke schneiden und mit Zitronensaft, Zucker, Vanillemark und 50 ml Wasser in einem Topf aufkochen. Abgedeckt etwa 25 Minuten weich kochen. Zuletzt aufgedeckt weiterkochen, bis die Flüssigkeit fast vollständig verkocht ist.

Orangensaft mit Agar-Agar verrühren, in einem Topf aufkochen und 2 Minuten kochen lassen. Die gegarten Karotten fein pürieren, die Orangen-Mischung unter das Karottenpüree rühren und alles vollständig erkalten lassen.

Den Backofen rechtzeitig auf 180 °C Ober-/Unterhitze vorheizen. Die Pistazien in der Küchenmaschine fein mahlen und mit Mehl, Margarine und Zucker zu Streuseln verkneten. Auf einem mit Backpapier ausgelegten Backblech verteilen und im vorgeheizten Backofen 20 Minuten knusprig backen.

Die vegane Schlagcreme aufschlagen und unter das Karottenpüree heben. Die Urkarotten-Mousse in Dessertschalen füllen, abgedeckt 2 Stunden kalt stellen.

ANRICHTEN

Die Pistazienstreusel auf der Mousse verteilen und servieren.

AUSTERN MIT VINAIGRETTE

Für 4 Personen
Zubereitungszeit: 20 Minuten

ZUTATEN

2 Schalotten
½ Bund Schnittlauch
1 TL Senf
3 EL Weißweinessig
Salz
4 EL Olivenöl
12 frische Austern
Crushed Ice
1 Zitrone, in Spalten

ZUBEREITUNG

Für die Vinaigrette Schalotten abziehen und würfeln. Schnittlauch waschen, trockentupfen und fein schneiden. Schalotten in einer Schale mit Senf, Essig und 1 Prise Salz verrühren. Olivenöl und Schnittlauch untermischen.

Die Austern mithilfe eines Austernmessers öffnen. (Dabei unbedingt einen Schutzhandschuh tragen, siehe Tipp unten.) Die Muscheln ablösen, aber in den tiefen Muschelschalen belassen.

ANRICHTEN

Austern auf eine große, mit Eis bedeckte Platte setzen. In jede zweite Muschel etwas Vinaigrette träufeln. Mit Zitronenspalten servieren.

TIPP

Achten Sie bei Muscheln unbedingt darauf, nur geschlossene Exemplare zu verwenden. Beim Öffnen können Schalenteile abbrechen, diese vor dem Servieren sorgfältig entfernen.
Ein »Austernhandschuh« ist aus feinem Edelstahlgeflecht gefertigt. Man trägt ihn beim Öffnen von Schalen- und Krebstieren an der freien Hand, um sich vor Schnittverletzungen zu schützen.

GEBACKENE WACHTELKEULEN AUF BIRNEN-CHUTNEY

Für 4 Personen
Zubereitungszeit: 30 Minuten
Garzeit: 20 Minuten

ZUTATEN

FÜR DAS CHUTNEY

2 Birnen
2 Schalotten
1 Stück Ingwer (2 cm lang)
1 kleine Chilischote
1 TL Koriandersamen
2 EL brauner Zucker
3 EL Weißweinessig
Salz
frisch gemahlener schwarzer Pfeffer

FÜR DAS FLEISCH

8 Wachtelkeulen
Salz
frisch gemahlener schwarzer Pfeffer
1 Ei
2 EL flüssige süße Sahne
3 EL Weizenmehl Type 405
80 g Pankobrösel
300 ml neutrales Pflanzenöl

FÜR DEN SALAT

50 g Rucola
1 TL Walnussöl
Salz

ZUBEREITUNG

Für das Chutney die Birnen waschen, schälen, entkernen und in Würfel schneiden. Schalotten abziehen und würfeln. Ingwer schälen und fein reiben. Chilischote entkernen und hacken. Koriander im Mörser zerstoßen. Alle Zutaten zusammen mit dem braunen Zucker aufkochen, Essig zugeben, mit Salz und Pfeffer würzen und 5 Minuten aufgedeckt einkochen. Abkühlen lassen.

Für das Fleisch die Wachtelkeulen häuten, die Oberschenkelknochen heraustrennen. Das Fleisch wie eine Praline um den übrigen Knochen legen und andrücken, mit Salz und Pfeffer würzen. Das Ei mit der Sahne verquirlen. Die Keulen im Mehl wenden, durch das Ei ziehen und in den Pankobröseln panieren. Die Keulen im heißen Fett etwa 4 Minuten lang knusprig ausbacken.

Für den Salat den Rucola waschen, trockentupfen und verlesen. Mit Walnussöl und 1 Prise Salz marinieren.

ANRICHTEN

Den Salat auf Teller geben, die Wachtelkeulen daraufsetzen und das Birnen-Chutney in Tupfen um die Keulen herum verteilen.

BOUILLABAISSE IN ZWEI GÄNGEN SERVIERT

Für 4 Personen
Zubereitungszeit: 30 Minuten
Garzeit: 25 Minuten

ZUTATEN

FÜR DIE ROUILLE

1 Knoblauchzehe
1 Eigelb
Salz
½ TL Piment d'Espelette
150 ml mildes Olivenöl
frisch gemahlener schwarzer Pfeffer
Saft von ½ Zitrone

FÜR DIE BOUILLABAISSE

600 g Fischfilets, mit Haut, ohne Gräten (verschiedene Sorten, etwa Petersfisch, Seeteufel, Rotbarbe, Wolfsbarsch)
8 ungeschälte Garnelen
400 g Miesmuscheln
2 Zwiebeln
1 Knoblauchzehe
3 Tomaten
1 Fenchel
3 Stangen Staudensellerie
4 mittelgroße Kartoffeln
3 EL Olivenöl
½ unbehandelte Orange
15 Safranfäden
1 Lorbeerblatt
30 ml Wermut
1 l Fischfond
Salz
frisch gemahlener schwarzer Pfeffer

ZUM ANRICHTEN

12 Scheiben Baguette

ZUBEREITUNG

Für die Rouille den Knoblauch schälen und fein hacken. Knoblauch, Eigelb, 2–3 Prisen Salz und Piment d'Espelette in einer kleinen Schüssel verrühren. Dann das Olivenöl tröpfchenweise zugeben und alles unter ständigem Rühren zu einer cremigen Mayonnaise aufschlagen. Die Rouille mit Salz, Pfeffer und Zitronensaft würzig abschmecken und kalt stellen.

Für die Bouillabaisse Fischfilets in mundgerechte Stücke teilen, trockentupfen und auf einer Platte beiseitestellen. Die Garnelen waschen, die Köpfe abdrehen, Körper der Länge nach aufschneiden, dabei an den Schwanzenden zusammenlassen. Den Darm entfernen. Die Miesmuscheln in kaltem, leicht gesalzenem Wasser waschen und die Bärte abziehen. Bereits geöffnete oder zerbrochene Muscheln aussortieren.

Zwiebeln und Knoblauch schälen und würfeln. Tomaten waschen, halbieren, den Blütenansatz herausschneiden und würfeln. Fenchel waschen, putzen, vierteln und den Strunk herausschneiden, dann die Viertel in schmale Streifen schneiden. Staudensellerie waschen, die Fäden abziehen und die Stangen in Scheiben schneiden. Kartoffeln waschen, schälen und würfeln.

Olivenöl in einem großen Topf erhitzen und das Gemüse mit Zwiebeln und Knoblauch darin 5 Minuten lang anschwitzen, ohne dass es Farbe bekommt. Die Orange waschen, zwei Schalenstreifen dünn abziehen und zusammen mit Safran und Lorbeerblatt in den Topf geben, mit Wermut ablöschen. Den Alkohol verkochen lassen und den Fischfond angießen. Den Sud erhitzen, mit Salz und Pfeffer würzen und alles 15 Minuten bei mittlerer Temperatur garen. Nun zunächst die festeren Fischfilets (Seeteufel, Petersfisch) zugeben und die Suppe 3–5 Minuten köcheln lassen. Dann die Muscheln und die Garnelen hinzufügen und alles weitere 3–5 Minuten garen. Zuletzt die zarten Filetstücke (Rotbarbe, Wolfsbarsch) hineingeben und bei geschlossenem Deckel 3–4 Minuten gar ziehen lassen.

Zwei bis drei Kartoffelwürfel aus dem Sud nehmen, mit einer Gabel zerdrücken, etwas abkühlen lassen und zur Rouille geben.

ANRICHTEN

Für den ersten Gang den Fischfond abschöpfen und in Suppentassen füllen. Das Baguette und die Rouille dazu servieren. Das übrige Gericht warm stellen.

Als zweiten Gang das Gemüse mit den Fischfilets auf eine Platte geben und servieren.

LAVENDEL-BLANC-MANGER MIT MANGO

Für 4 Personen
Zubereitungszeit: 30 Minuten
Kühlzeit: 3 Stunden

ZUTATEN

FÜR DIE BLANC MANGER

3 Blatt Gelatine
½ unbehandelte Orange
250 ml Mandelmilch
50 g weißes Mandelmus
2 EL Honig
1 TL Lavendelblüten
1 Prise Salz
150 g flüssige süße Sahne
2 EL Puderzucker

FÜR DEN SALAT

1 Mango
Saft von 1 Limette
2 EL Ahornsirup
1 TL Schwarzkümmel

ZUM ANRICHTEN

2 Stängel Minze

ZUBEREITUNG

Für die Blanc Manger die Gelatine 10 Minuten in kaltem Wasser einweichen. Die Orange heiß waschen, trockentupfen und die Schale fein abreiben. Orangenschale mit Mandelmilch in einem Topf erhitzen. Die gut ausgedrückte Gelatine darin auflösen. Mandelmus, Honig, Lavendel und Salz unterrühren. Die Masse auf Eiswasser kalt rühren, bis sie zu gelieren beginnt.

Die Sahne in der Küchenmaschine steif schlagen, dabei den Puderzucker nach und nach zugeben. Die Sahne unter die gelierende Mandelcreme heben und in vier Portionsformen füllen. Abgedeckt 3 Stunden kalt stellen.

Für den Mangosalat die Mango schälen und das Fruchtfleisch klein würfeln. Mit Limettensaft, Ahornsirup und Schwarzkümmel verrühren.

ANRICHTEN

Die Blanc Manger aus den Formen stürzen und auf Teller setzen. Den Mangosalat dazugeben und mit Minze garnieren.

TIPP

Blanc Manger (»weiße Speise«) wird bei uns auch »Mandelsulz« genannt. Das Gelee aus gesüßter Mandelmilch war in Europa bereits im Mittelalter bekannt.

GETRÜFFELTER SCHWAMMERL-STRUDEL MIT KREN-DIPP

Für 4 Personen
Zubereitungszeit: 30 Minuten
Garzeit: 25 Minuten

ZUTATEN

FÜR DEN STRUDEL

250 g Pilze (Steinpilze, Champignons, Austernpilze)
2 Lauchzwiebeln
3 EL Butter
½ Bund glatte Petersilie
Salz
frisch gemahlener schwarzer Pfeffer
1 kleine eingelegte schwarze Trüffel
2 EL Crème fraîche
1 gehäufter TL Speisestärke
2 Blätter Filoteig

FÜR DEN DIPP

200 g Sauerrahm
frische Meerrettichwurzel (2–3 cm lang), gerieben
Saft von ½ Zitrone
Salz
frisch gemahlener schwarzer Pfeffer

FÜR DEN SALAT

80 g Feldsalat
2 EL Apfelsaft
2 EL Walnussöl
Salz

ZUBEREITUNG

Den Backofen auf 200 °C Ober-/Unterhitze vorheizen. Ein Backblech mit Backpapier auslegen. Für den Strudel Pilze putzen und trocken abreiben, die Lauchzwiebeln putzen und waschen. Beides klein schneiden und in einer Pfanne in 1 EL heißer Butter anbraten. Petersilie waschen, trockentupfen, hacken und zu den Pilzen geben. Die Pilzmischung kräftig mit Salz und Pfeffer würzen und abkühlen lassen. Trüffel fein hacken und zusammen mit Crème fraîche und Speisestärke unter die Pilze mischen. Die übrige Butter in einem kleinen Topf schmelzen. Den Filoteig auf der Arbeitsfläche ausbreiten, halbieren und die Teigstreifen dünn mit Butter einstreichen. Die Pilzmasse auf das untere Drittel der beiden Teigstreifen geben. Den Rand des Filoteigs 2 cm breit über die Füllung klappen, sodass diese nicht auslaufen kann. Den Teig aufrollen. Auf das Backbleck legen und mit der übrigen Butter einstreichen. Im vorgeheizten Backofen 20 Minuten backen.

Für den Dipp den Sauerrahm mit frisch geriebenem Meerrettich, etwas Zitronensaft, Salz und Pfeffer verrühren.

Für den Salat Feldsalat waschen, trockentupfen und verlesen. Mit Apfelsaft, Walnussöl und 1 Prise Salz marinieren.

Die Strudel schräg halbieren.

ANRICHTEN

Den Kren-Dipp in der Mitte der Teller dünn verstreichen. Strudel darauflegen und den Feldsalat daraufsetzen.

KÄSEFONDUE DE LUXE

Für 4 Personen
Zubereitungszeit: 45 Minuten

ZUTATEN

FÜR DAS FONDUE

1 Knoblauchzehe
250 g Gruyère
250 g Emmentaler Käse
300 ml trockener Weißwein
2 TL Speisestärke
30 ml Kirschwasser

BEILAGEN

8 lila Trüffelkartoffeln
1 Bund glatte Petersilie
30 g Walnusskerne
1 EL Rotweinessig
100 ml Olivenöl
Salz
frisch gemahlener schwarzer Pfeffer
Zucker
1 Kopf Friséesalat
2 EL Weißweinessig
1 TL Aprikosenkonfitüre
3 EL Olivenöl
1 Sauerteig-Ciabatta
1 kleine weiße Herbsttrüffel
8 Scheiben Bündner Fleisch

ZUBEREITUNG

Für das Fleisch ein Sous-vide-Wasserbad auf 56 °C erhitzen. Das Fleisch trockentupfen und in einen Vakuumbeutel legen. Wacholderbeeren im Mörser zerdrücken und mit dem Olivenöl zum Fleisch geben. Vakuumieren und im Wasserbad 5 Stunden garen.

Für das Ragout Quitten waschen, schälen, entkernen und würfeln. Schalotte abziehen und würfeln. Beides in einem Topf in heißer Butter anschwitzen. Mit Weißwein ablöschen, Gewürze und Zitronensaft zugeben und 20 Minuten bei niedriger Temperatur garen.

Den Rotkohl waschen, äußere Blätter entfernen, falls nötig. Vom Kohlkopf vier Scheiben (1 cm dick) abschneiden. Öl in einer Pfanne erhitzen und die Rotkohlscheiben darin von beiden Seiten anbraten. Mit Salz und Pfeffer würzen. Honig mit Nelken und Senf verrühren und den Rotkohl damit bestreichen. Abgedeckt bei niedriger Temperatur 10 Minuten garen.

Fleisch aus dem Vakuum nehmen und Fond durch ein Sieb in einen Topf gießen. Portwein, Kalbsfond und Sahne auffüllen. Die Sauce 10 Minuten aufgedeckt einkochen. Anschließend mit Salz und Pfeffer würzen und mit dem Stabmixer aufschäumen. Kalbfleisch in dünne Scheiben schneiden. Auf der Schnittfläche mit Salz würzen.

ANRICHTEN

Die Rotkohlscheiben mit dem Sud auf Teller verteilen. Das Fleisch anlegen und das Quittenragout um das Fleisch herum verteilen. Zuletzt mit der Bratensauce beträufeln und servieren.

GEEISTER KAISERSCHMARRN

Für 4 Personen
Zubereitungszeit: 30 Minuten
Kühlzeit: 4 Stunden

ZUTATEN

2 EL Rosinen
20 ml Rum
3 Eier
80 g Zucker
200 g flüssige süße Sahne
12 getrocknete Aprikosen (geschwefelt)
150 ml Weißwein
1 Zimtstange
3 Gewürznelken
40 g Mandelblättchen
1 EL Kakaopulver
1 EL Puderzucker
1 TL Zimtpulver

ZUM ANRICHTEN

Minzeblättchen

ZUBEREITUNG

Rosinen mit Rum übergießen und ziehen lassen. Eier mit Zucker in einer Schüssel verrühren. Im heißen Wasserbad mindestens 5 Minuten lang dickschaumig aufschlagen. Aus dem Wasserbad nehmen, über Eiswasser kalt schlagen. Sahne steif schlagen und zusammen mit den Rum-Rosinen unter die kalte Masse heben. Dann in eine flache, mit Frischhaltefolie ausgelegte Form füllen und für 3–4 Stunden einfrieren.

Die Aprikosen mit Weißwein, restlichem Zucker, Zimt und Nelken in einem Topf aufkochen. Beiseitestellen, durchziehen und abkühlen lassen. Die Mandelblättchen in einer Pfanne ohne Fett goldbraun anrösten.

Das Kakaopulver mit Puderzucker und Zimt mischen und über die gefrorene Masse stauben.

ANRICHTEN

Den Kaiserschmarrn in Stücke teilen und auf Tellern anrichten, geröstete Mandelblättchen darüberstreuen. Die eingelegten Aprikosen dazu servieren. Mit Minze garnieren.

GÄNSEBOUILLON MIT EIERSTICH UND FLÄDLE

Für 6 Personen
Zubereitungszeit: 50 Minuten
Garzeit: 2 Stunden 30 Minuten

ZUTATEN

FÜR DIE BOUILLON

1 Gans, etwa 4–5 kg, mit Innereien
1 Bund Suppengemüse
1 Zwiebel
2 Lorbeerblätter
2 Stiele Beifuß
Salz
50 g tiefgekühlte Erbsen
1 kleine Karotte

FÜR DEN EIERSTICH

3 Eier
100 g flüssige süße Sahne
Salz
Muskatnuss

FÜR DIE FLÄDLE

3 Stängel glatte Petersilie
50 g Weizenmehl
1 Ei
100 ml Milch
Salz
Butter zum Braten

ZUBEREITUNG

Für das Fleisch die Gans waschen, trockentupfen, den Bürzel und die Flügel abtrennen. Die Innereien waschen und trockentupfen. Suppengemüse waschen, putzen und in walnussgroße Stücke schneiden. Zwiebel mit Schale waschen und halbieren. Die Gans, die Flügel, die Innereien, Gemüse, Zwiebel, Lorbeerblätter und Beifuß in einen ausreichend großen Topf geben. Mit 5 l kaltem Wasser aufgießen, sodass das Fleisch gut bedeckt ist. Langsam zum Kochen bringen und den aufsteigenden Schaum abschöpfen. 1 EL Salz zugeben und die Gans 2 Stunden köcheln lassen.

Den Backofen auf 100 °C Ober-/Unterhitze vorheizen. Für den Eierstich ein Wasserbad vorbereiten und dazu eine tiefe Schale auf dem Ofenblech einschieben und mit Wasser befüllen. Eier mit Sahne verquirlen und mit Salz und Muskat würzen. Eine flache Schale mit hitzebeständiger Frischhaltefolie auslegen und die Masse einfüllen, in das heiße Wasserbad stellen und im Backofen 30 Minuten pochieren. Anschließend abkühlen lassen.

Für die Flädle Petersilie waschen, trockentupfen und die Blätter abzupfen. Petersilie mit Mehl, Ei, Milch, 2 Prisen Salz in einem hohen Mixbecher fein pürieren. Eine Pfanne dünn mit Butter einfetten. Eine Kelle Teig hineingeben und durch Schwenken gleichmäßig verteilen. Von beiden Seiten hellgelb backen. Zwei Pfannkuchen backen, aufrollen und in dünne Streifen schneiden.

Die Gans behutsam aus der Brühe heben und auf ein tiefes Backblech setzen. Sie wird für den Hauptgang benötigt, siehe Rezept Seite 279. Die Brühe abseihen, dabei nur mit einer Kelle schöpfen, ohne zu gießen. Das Fett bleibt dabei oben. Größtenteils abschöpfen und beiseitestellen.

2 l der Brühe weitere 30 Minuten leise köcheln lassen. Die übrige Brühe abkühlen lassen und beiseitestellen. Karotten waschen, schälen und in dünne Streifen schneiden. Erbsen und Karotten 5 Minuten in der Brühe mitgaren. Anschließend die Suppe mit Salz abschmecken. Den Eierstich in Würfel schneiden.

ANRICHTEN

Die Bouillon mit dem Eierstich, den Flädle und dem Gemüse in Suppenschalen anrichten und servieren.

GANS TRANCHIERT, KRÄUTERKNÖDEL UND FEIGEN-ROTKOHL

Für 4 Personen
Zubereitungszeit: 45 Minuten
Garzeit: 90 Minuten

ZUTATEN

FÜR DIE SAUCE

1 Zwiebel
1 EL neutrales Pflanzenöl
1 EL Tomatenmark
1 TL Zucker
700 ml Gänsefond (siehe Seite 277)

FÜR DEN ROTKOHL

1 kleiner Rotkohl
1 kleine Zwiebel
3 getrocknete Feigen
1 EL Gänseschmalz
1 TL Zucker
1 Lorbeerblatt
3 Gewürznelken, zerstoßen
½ TL Salz
2 EL Rotweinessig

FÜR DIE KNÖDEL

1 Zwiebel
1 EL Butter
4 altbackene Semmeln
150 ml Milch
½ Bund glatte Petersilie
½ Bund Schnittlauch
5 Zweige Thymian
3 Eier
Salz
frisch gemahlener schwarzer Pfeffer
Muskatnuss

ZUBEREITUNG

Den Backofen rechtzeitig auf 200 °C Ober-/Unterhitze vorheizen. Die vorgegarte Gans (aus dem vorherigen Gericht) auf dem tiefen Backblech bereitstellen. Im vorgeheizten Backofen auf dem zweiten Einschub von unten etwa 90 Minuten knusprig braten. Währenddessen immer wieder mit Salzwasser (etwa 150 ml Wasser mit 1 TL Salz) bestreichen.

Für die Sauce Zwiebel abziehen und würfeln. In einem Topf im heißen Öl anschwitzen. Tomatenmark und Zucker zugeben und dunkel anrösten. Mit 100 ml kaltem Gänsefond (aus dem vorherigen Gericht) aufgießen, die Röststoffe vom Boden lösen und einkochen lassen. Sobald sich wieder Röststoffe am Topfboden gebildet haben, weitere 100 ml kalten Gänsefond angießen. Den Röstvorgang wiederholen. Dann 500 ml Gänsefond angießen und die Sauce 30 Minuten bei niedriger Temperatur aufgedeckt einkochen lassen. Anschließend mit Salz abschmecken.

Für den Rotkohl den Kohl waschen, halbieren, den Strunk herausschneiden. Die Hälften in feine Streifen schneiden. Die Zwiebel abziehen und würfeln. Die Feigen ebenfalls würfeln. Beides zusammen mit dem Rotkohl in einem Topf in 1 EL Gänseschmalz anschwitzen. Mit 100 ml Wasser ablöschen, Zucker, Lorbeerblatt, Nelken und Salz zugeben. Den Rotkohl abgedeckt bei mittlerer Temperatur 20 Minuten garen. Zuletzt mit dem Rotweinessig verfeinern.

Für die Knödel die Zwiebel abziehen und würfeln, in einem Topf in der Butter 3 Minuten hell anschwitzen. Semmeln klein würfeln. Milch zu den Zwiebeln geben und lauwarm erwärmen. Diese Mischung über die Semmelwürfel gießen und abgedeckt 10 Minuten ziehen lassen. Die Kräuter waschen, trockentupfen, die holzigen Stiele aussortieren und die Kräuter hacken. Eier und Kräuter zu den Semmelwürfeln geben. Mit Salz, Pfeffer und Muskat würzen und gründlich vermengen. Aus der Masse zwölf Knödel formen und diese in einem Topf in siedendem, leicht gesalzenem Wasser 15 Minuten garen.

ANRICHTEN

Die Gans auf einem Brett tranchieren, dabei in Brust und Keulen teilen und in Portionen schneiden. Brust und Keulenstücke mit der Sauce auf Tellern anrichten. Die Knödel und den Rotkohl dazu servieren.

GEWÜRZPUDDING MIT CRANBERRY-RAGOUT UND GEEISTEM ESPRESSOSCHAUM

Für 4 Personen
Zubereitungszeit: 40 Minuten
plus 2 Stunden zum Durchziehen und Kühlen
Garzeit: 50 Minuten

ZUTATEN

FÜR DAS RAGOUT

250 g frische Cranberrys
2 EL Zucker
Saft von 2 Orangen
½ Vanilleschote

FÜR DEN ESPRESSOSCHAUM

4 EL lösliches Espressopulver (Instant)
4 EL Zucker
4 EL Wasser

FÜR DEN PUDDING

100 g weiche Butter, plus mehr für die Formen
120 g Biskuitbrösel (etwa Reste von Kuchen oder Löffelbiskuit), plus mehr für die Formen
1 Ei
75 g Zucker
80 g Weizenmehl Type 405
1 TL Backpulver
2 TL Garam Masala
8 getrocknete Datteln, entsteint und gehackt
125 ml Milch

ZUBEREITUNG

Die Cranberrys waschen und halbieren. Den Zucker mit dem Saft der Orangen, der aufgeschnittenen Vanilleschote und der Hälfte der Cranberrys aufkochen. 10 Minuten aufgedeckt weich garen. Die Vanilleschote entfernen, die Früchte mit dem Sud pürieren und durch ein feines Sieb passieren. Die übrigen Cranberrys in dem Püree 3–4 Minuten erhitzen. Beiseitestellen und 2 Stunden ziehen lassen.

Für den Espressoschaum das Espressopulver mit Zucker und 4 EL heißem Wasser in einer Schüssel schaumig rühren. In kleine Gläser füllen und etwa 1 Stunde im Gefrierfach kühlen.

Für den Pudding ein Wasserbad mit einem Dämpfeinsatz bereitstellen. Vier hitzebeständige Formen (à 200 ml, etwa Tassen oder Silikonförmchen), die in den Dämpfeinsatz passen sollen, mit Butter einfetten und dünn mit etwas Bröseln ausstreuen. Das Ei mit dem Zucker in einer Schüssel dickschaumig aufschlagen. Das Mehl mit Backpulver, Garam Masala und Biskuitbröseln mischen. Nun Butter, Mehlmischung, Datteln und Milch zum Ei geben und behutsam unterheben. Die Puddingmasse in die vorbereiteten Förmchen füllen. In den Dämpfeinsatz ins heiße Wasserbad stellen. Bei geschlossenem Deckel 40 Minuten dämpfen.

ANRICHTEN

Den Gewürzpudding aus den Formen lösen und auf die Dessertteller setzen. Das Cranberry-Ragout um den Pudding herum verteilen und den geeisten Espresso dazu reichen.

FORELLENMOUSSE AUF SÜSSSAUREM RETTICHSALAT

Für 4 Personen
Zubereitungszeit: 45 Minuten
Kühlzeit: 2–3 Stunden

ZUTATEN

FÜR DIE MOUSSE

3 Blatt Gelatine
1 unbehandelte Zitrone
200 g geräucherte Forellenfilets, ohne Haut
100 g Frischkäse
½ TL geräuchertes Paprikapulver
Salz
frisch gemahlener schwarzer Pfeffer
50 ml Milch
200 g flüssige süße Sahne

FÜR DEN SALAT

1 weißer Rettich
1 Bund Koriander
2 EL Ahornsirup
1 Limette
1 TL Sesamsamen
2 EL geröstetes Sesamöl
Salz
frisch gemahlener schwarzer Pfeffer

FÜR DIE BROTCHIPS

4 dünne Scheiben Ciabatta
2 EL Olivenöl
½ TL Schwarzkümmel

ZUBEREITUNG

Für die Mousse die Gelatine in kaltem Wasser 10 Minuten einweichen. Zitrone heiß waschen, trockentupfen, die Schale fein abreiben und den Saft auspressen. Forellenfilets mit Frischkäse, Schalenabrieb der Zitrone, Zitronensaft und Paprikapulver fein pürieren. Kräftig mit Salz und Pfeffer würzen. Die Milch in einem Topf lauwarm erwärmen und die gut ausgedrückte Gelatine darin auflösen. 1–2 EL Forellencreme zur ausgelösten Gelatine geben und unterrühren. Anschließend mit der übrigen Forellencreme vermengen. Die Sahne in einem hohen Mixbecher steif schlagen, die Sahne unter die Forellencreme heben und die Mousse in eine flache Schale füllen. Abgedeckt 2–3 Stunden kalt stellen.

Für den Salat Rettich waschen, schälen und in feine Streifen schneiden. Koriander waschen, trockentupfen und fein hacken. Koriander, Ahornsirup, Limettensaft, Sesam und Sesamöl zugeben, mit Salz und Pfeffer würzen und zum Durchziehen beiseitestellen.

Für die Brotchips die Brotscheiben mit etwas Olivenöl beträufeln und in einer Pfanne von beiden Seiten anrösten. Mit Schwarzkümmel bestreuen.

ANRICHTEN

Die Forellenmousse mit einem Löffel zu Nocken formen und auf Teller verteilen. Den Rettichsalat dazugeben und mit den Brotchips garnieren.

SOUS-VIDE-KALBSTAFELSPITZ IN WACHOLDERÖL MIT QUITTENRAGOUT UND GEBRATENEM ROTKOHL

Für 4 Personen
Zubereitungszeit: 45 Minuten
Garzeit: 40 Minuten, plus 5 Stunden Sous-vide-Garzeit

ZUTATEN

FÜR DEN TAFELSPITZ

1 Kalbstafelspitz (etwa 600 g)
5 Wacholderbeeren
3 EL Olivenöl
30 ml weißer Portwein
150 ml Kalbsfond
100 g flüssige süße Sahne
Salz
frisch gemahlener schwarzer Pfeffer

FÜR DAS RAGOUT

2 Quitten
1 Schalotte
1 EL Butter
200 ml Weißwein
3 Gewürznelken
½ Zimtstange
Saft von ½ Zitrone

FÜR DEN ROTKOHL

1 kleiner Rotkohl
2 EL Olivenöl
Salz
frisch gemahlener schwarzer Pfeffer
1 EL Honig
1 Msp. gemahlene Nelken
1 EL körniger Senf

ZUBEREITUNG

Für das Fleisch ein Sous- vide-Wasserbad auf 56 °C erhitzen. Das Fleisch trockentupfen und in einen Vakuumbeutel legen. Die Wacholderbeeren im Mörser zerdrücken und mit dem Olivenöl zum Fleisch geben. Vakuumieren und im Wasserbad 5 Stunden garen.

Für das Ragout die Quitten waschen, schälen, entkernen und würfeln. Schalotte abziehen und würfeln. Beides in einem Topf in heißer Butter anschwitzen. Mit Weißwein ablöschen, Gewürze und Zitronensaft dazugeben und 20 Minuten bei niedriger Temperatur garen.

Den Rotkohl waschen, falls nötig die äußere Blätter entfernen. Vom Kohlkopf vier Scheiben (1 cm dick) abschneiden. Öl in einer Pfanne erhitzen und die Rotkohlscheiben darin von beiden Seiten anbraten. Mit Salz und Pfeffer würzen. Honig mit Nelken und Senf verrühren und den Rotkohl damit bestreichen. Abgedeckt bei niedriger Temperatur 10 Minuten garen.

Fleisch aus dem Vakuumbeutel nehmen und Fond durch ein Sieb in einen Topf gießen. Mit Portwein, Kalbsfond und Sahne auffüllen. Die Sauce 10 Minuten im offenen Topf einkochen. Anschließend mit Salz und Pfeffer würzen und mit dem Stabmixer aufschäumen. Kalbfleisch in dünne Scheiben schneiden. Auf der Schnittfläche mit Salz würzen.

ANRICHTEN

Die Rotkohlscheiben mit dem Sud auf Teller verteilen. Das Fleisch anlegen und das Quittenragout um das Fleisch herum verteilen. Zuletzt mit der Bratensauce beträufeln und servieren.

BRATAPFEL-PARFAIT MIT SCHOKO-ESPRESSO-SAUCE

Für 4 Personen
Zubereitungszeit: 45 Minuten
Kühlzeit: 3–4 Stunden

ZUTATEN

FÜR DAS PARFAIT

1 Apfel, Sorte Boskop
1 EL Rosinen
Saft von ½ Zitrone
1 TL Zimtpulver
3 Eigelb
50 g Zucker
150 g flüssige süße Sahne

FÜR DIE SAUCE

50 g Zartbitterschokolade
100 g flüssige süße Sahne
1 TL lösliches Espressopulver
20 ml Kaffeelikör
1–2 Waffelblätter

ZUM ANRICHTEN

1 EL Haselnusskrokant

ZUBEREITUNG

Für das Parfait Apfel waschen, schälen, entkernen und das Fruchtfleisch würfeln. Die Apfelwürfel mit Rosinen, Zitronensaft, Zimt und 50 ml Wasser zum Kochen bringen. Bei mittlerer Temperatur 10 Minuten garen. Den Sud dabei dickflüssig einkochen. Anschließend erkalten lassen. Eigelb mit Zucker in einer Schüssel verrühren, im heißen Wasserbad dickschaumig aufschlagen und dabei auf 75 °C erhitzen. Den Eigelbschaum aus dem Wasserbad nehmen und auf Eiswasser kalt schlagen. Die Sahne steif schlagen und zusammen mit dem Bratapfelkompott unter den Eigelbschaum heben. Die Parfaitmasse in vier Mulden einer Kuppelform aus Silikon füllen. Abgedeckt 3–4 Stunden gefrieren lassen.

Für die Sauce Zartbitterschokolade hacken. Sahne in einem Topf erwärmen, Schokolade zugeben und unter Rühren schmelzen. Espressopulver und Kaffeelikör untermischen und bei Zimmertemperatur beiseitestellen. Aus den Waffeln vier Kreise (in der Größe der Silikonkuppeln) ausschneiden. Das Parfait aus der Form lösen und jede Kuppel auf eine Waffel legen.

ANRICHTEN

Die Kuppeln auf Teller setzen. Mit der Sauce überziehen und mit Krokant bestreuen.

SÜSSSAURE ENTENLEBER MIT KAKI

Für 2 Personen
Zubereitungszeit: 20 Minuten
Garzeit: 10 Minuten

ZUTATEN

FÜR DAS KOMPOTT

4 Paranüsse
1 EL Olivenöl
2 TL Zatar
(orientalische Gewürzmischung)
1 Kaki (Sharon)

FÜR DIE ENTENLEBER

150 g Entenleber
1 Schalotte
1 TL Butter
3 EL roter Portwein
2 EL Aceto balsamico
1 EL Honig
Salz
frisch gemahlener schwarzer Pfeffer

FÜR DEN SALAT

1 Handvoll Feldsalat
2 EL Apfelsaft
1 TL Senf
Zucker
1 EL Zitronensaft
2 EL Walnussöl

ZUBEREITUNG

Für das Kompott Paranüsse grob hacken und in einer Pfanne in 1 EL Olivenöl und Zatar anrösten. Die Kaki waschen und in dünne Scheiben schneiden. Mit in die Pfanne geben und von beiden Seiten kurz erwärmen. Die Mischung aus der Pfanne nehmen und beiseitestellen.

Für die Entenleber die Leber putzen und in mundgerechte Stücke schneiden. Die Schalotte abziehen und in Spalten schneiden. Die Butter in einer Pfanne erhitzen, die Schalotten und die Leber darin 2–3 Minuten anbraten. Portwein, Aceto balsamico und Honig zugeben, mit Salz und Pfeffer würzen und 2 Minuten auf der ausgeschalteten Herdplatte ziehen lassen.

Für den Salat den Feldsalat waschen, trockentupfen und verlesen. Für das Dressing den Apfelsaft mit Senf, 2 Prisen Zucker, Zitronensaft, Walnussöl und 1 Prise Salz verrühren.

ANRICHTEN

Die Kaki auf Teller legen und mit dem Feldsalat belegen. Die Leber mit der Sauce um den Salat herum verteilen und servieren.

SCHWEINEFILET AUF HEU GEGART MIT SELLERIERÖSTI UND KÜRBISSAUCE

Für 2 Personen
Zubereitung: 40 Minuten
Garzeit: 30 Minuten

ZUTATEN

FÜR DAS FLEISCH

1 Schweinefilet (etwa 500 g)
1 TL schwarze Pfeffermischung
1 TL geräuchertes Paprikapulver
½ TL gemahlener Kurkuma
1 EL Olivenöl
2 Handvoll Bioheu (aus dem Bioladen oder selbst gesammelt und getrocknet)

FÜR DIE SAUCE

1 Zwiebel
1 Knoblauchzehe
200 g Kürbis
1 EL Olivenöl
1 TL Tomatenmark
1 TL getrockneter Thymian
100 ml Weißwein
500 ml Gemüsebrühe
150 g flüssige süße Sahne
etwas Zitrone
Chili aus der Gewürzmühle oder Chiliflocken

FÜR DIE RÖSTI

1 kleine Sellerieknolle
2 TL Speisestärke
1 Ei
Salz
frisch gemahlener schwarzer Pfeffer
2 EL Olivenöl

FÜR DIE PILZE

150 g braune Champignons
2 TL Butter
Salz, frisch gemahlener schwarzer Pfeffer

ZUBEREITUNG

Für das Fleisch Schweinefilet trockentupfen, Pfeffermischung im Mörser zerstoßen, mit Paprika und Kurkuma mischen und das Fleisch damit rundum würzen. Mit 1 EL Olivenöl einreiben und in das Heu einpacken. Mit Küchengarn fixieren.

Einen Dämpftopf mit Dämpfeinsatz bereitstellen. Für die Kürbissauce Zwiebel und Knoblauch abziehen und würfeln. Kürbis schälen und würfeln. 1 EL Olivenöl im Dämpftopf erhitzen, Zwiebel, Knoblauch und Kürbis darin anschwitzen. Tomatenmark und Thymian zugeben und anrösten. Mit Weißwein und Brühe ablöschen. Den Dämpfeinsatz mit dem Schweinefilet über dem Saucenansatz platzieren. Deckel schließen und bei niedriger Temperatur (unteres Drittel) 20 Minuten dämpfen. Die Flüssigkeit im Topf sollte leicht simmern.

Für die Rösti Sellerie waschen, schälen und raspeln. In eine Schüssel geben und mit Speisestärke, Ei, etwas Salz und Pfeffer vermengen. Eine Pfanne erhitzen, 2 EL Olivenöl zugeben und aus der Selleriemasse vier Rösti braten.

Für die Pilze die Champignons trocken abreiben und halbieren. In einer Pfanne in der heißen Butter auf der Schnittfläche braun braten. Mit Salz und Pfeffer würzen.

Das Schweinefilet aus dem Dampf nehmen, vom Heu befreien und warm stellen. Den Kürbis mit dem Sud und der Sahne fein pürieren, mit Salz, Pfeffer, einem Spritzer Zitronensaft und etwas Chili pikant abschmecken. Das Fleisch in Scheiben schneiden.

ANRICHTEN

Die Rösti auf Teller verteilen. Das Schweinefilet und die Pilze daraufgeben und mit der Sauce nappieren. Die Schnittfläche des Fleischs nach Belieben mit Meersalzflocken bestreuen.

TIPP

Für die Pfeffermischung gleiche Teile Tellycherry-, Kubeben- und Langen Pfeffer verwenden.

SCHOKO-TARTELETTES MIT ERDNUSS-KARAMELL UND BLATTGOLD

Für 2 Personen
Zubereitungszeit: 30 Minuten
Kühlzeit: etwa 4 Stunden

ZUTATEN

FÜR DIE TARTELETTE-BÖDEN

100 g Vollkornbutterkekse
60 g Butter, plus mehr für die Form

FÜR DIE FÜLLUNG

80 g flüssige süße Sahne
80 g Zartbitterschokolade (mindestens 80 % Kakaoanteil)

FÜR DEN KARAMELL

100 g Zucker
25 g flüssige süße Sahne
20 ml Whiskey
25 g Butter
2 EL grob gehackte Erdnüsse

ZUM ANRICHTEN

Blattgold
2 Prisen Meersalzflocken

ZUBEREITUNG

Zwei Tartelette-Formen (etwa 8 cm Durchmesser, mit Hebeboden) mit Butter einfetten. Für den Tortenboden Kekse in der Küchenmaschine fein mahlen. Butter schmelzen und beides mischen. In die Tartelette-Formen geben, auf dem Boden und an den Rändern verteilen und gut andrücken. Kalt stellen.

Für die Füllung Sahne in einem Topf erhitzen, Topf vom Herd ziehen, Schokolade hineingeben und 2 Minuten stehen lassen. Anschließend beides glatt rühren und auf die vorbereiteten Tartelette-Böden geben. Für 2 Stunden kalt stellen.

Für den Karamell Zucker mit 50 ml Wasser in einem Topf ohne Rühren aufkochen. Bei mittlerer Temperatur kochen, bis die Masse bernsteinfarben ist. Den Topf vom Herd nehmen und Sahne zugeben (vorsichtig, da die Sahne sofort sprudelnd kocht). Alles verrühren. Zuletzt Whiskey, Butter und Erdnüsse untermischen. Die Karamellsauce auf Zimmertemperatur abkühlen lassen, dann auf der Schokoladenfüllung verteilen und glatt streichen. Erneut 2 Stunden kühlen.

ANRICHTEN

Die Tartelettes aus der Form heben und auf Teller setzen. Mit Blattgold garnieren, etwas Meersalz daraufstreuen und servieren.

ZIEGENKÄSE-LAUCH-QUICHE MIT RADICCHIO-TRAUBEN-SALAT

Für 12 Personen
Zubereitungszeit: 60 Minuten
Backzeit: 45 Minuten

ZUTATEN

FÜR DEN TEIG

100 g Dinkelvollkornmehl
150 g Dinkelmehl Type 630, plus mehr zum Arbeiten
1 TL Salz
125 g Butter, plus mehr für die Form
125 g Frischkäse
1 Ei

FÜR DIE FÜLLUNG

500 g Lauch
2 EL Butter
Salz
frisch geriebene Muskatnuss
3 Eier
250 g Ziegenfrischkäse
2 TL Honig
1 TL getrockneter Thymian
1 gehäufter EL Speisestärke

FÜR DEN SALAT

2 Radicchio
300 g blaue Trauben
100 g Pinienkerne
1 Bund Schnittlauch
5 EL Weißweinessig
2 EL Honig
1 EL Senf
Salz
8 EL Olivenöl

ZUBEREITUNG

Für den Teig Mehl mit Salz, Butter, Frischkäse und Ei verkneten. Abgedeckt so lange in den Kühlschrank stellen, bis die Füllung zubereitet ist.

Für die Füllung Lauch längs halbieren, gründlich waschen und in Streifen schneiden. Butter in einer großen Pfanne erhitzen und Lauch darin 5 Minuten anschwitzen. Mit Salz und Muskat würzen. Beiseitestellen und lauwarm abkühlen lassen. Eier mit Ziegenfrischkäse, Honig, Thymian und Speisestärke verrühren.

Den Backofen auf 180 °C Ober-/Unterhitze vorheizen. Eine Springform (28 cm ø) mit Butter einfetten. Den Teig auf der leicht bemehlten Arbeitsfläche etwas größer als die Form ausrollen, in die Springform legen, dabei den Rand etwa 3 cm hoch ausformen und andrücken. Den Lauch auf dem Teig verteilen und den Ziegenkäse-Guss darübergießen.

Die Quiche im vorgeheizten Backofen auf dem zweiten Einschub von unten etwa 45 Minuten goldbraun backen.

Für den Salat den Radicchio waschen, den Strunk entfernen und die Blätter zerzupfen. Die Trauben waschen und halbieren. Die Pinienkerne in einer Pfanne ohne Fett goldbraun anrösten oder in einer Schale mit der Quiche in den heißen Backofen stellen und darin rösten. Den Schnittlauch waschen, trockentupfen und klein schneiden.

Für das Dressing Essig mit Honig, Senf, 2 Prisen Salz und Olivenöl verrühren. Den Salat mit Trauben, Pinienkernen und Schnittlauch vermengen. Die Quiche aus der Springform lösen und in zwölf Stücke schneiden.

ANRICHTEN

Je ein Stück Quiche mit etwas Salat auf Teller geben.

TIPP

Anstelle des Ziegenkäses kann auch Doppelrahmfrischkäse verwendet werden.

GLASIERTES LACHSFILET AUF ROTE-BETE-PASTASOTTO

Für 12 Personen
Zubereitungszeit: 45 Minuten
Garzeit: 35 Minuten

ZUTATEN

FÜR DEN FISCH

2 ganze Lachsseiten, mit Haut, entgrätet
1 unbehandelte Zitrone
2 EL fruchtiges, mildes Currypulver
2 EL Aprikosenkonfitüre
2 EL Olivenöl

FÜR DAS PASTASOTTO

3 Schalotten
2 Knoblauchzehen
2 EL Butter
600 g Risoni oder Kritharaki (reisförmige Pastasorte)
200 ml Weißwein
1,2 l Gemüsebrühe
Salz
frisch gemahlener schwarzer Pfeffer
500 g Rote Bete (im Vakuum gegart)
2 EL Honig
½ TL Chiliflocken
Salz
frisch gemahlener schwarzer Pfeffer
50 g Butter
75 g Parmesan, gerieben
Parmesan am Stück, zum Hobeln

ZUM ANRICHTEN

3 Lauchzwiebeln, in Ringen

ZUBEREITUNG

Den Backofen auf 160 °C Ober-/Unterhitze vorheizen. Für den Fisch den Lachs trockentupfen und mit der Hautseite nach unten auf ein mit Backpapier bedecktes Backblech legen. Die Zitrone heiß waschen, trockentupfen und die Schale fein abreiben. Den Saft auspressen und beides mit Currypulver, Konfitüre und Olivenöl verrühren. Den Lachs damit einstreichen. Im vorgeheizten Backofen 30 Minuten garen.

Für das Pastasotto Schalotten und Knoblauch abziehen und würfeln. Beides in einem Topf in der heißen Butter anschwitzen. Die Risoni zugeben, anschwitzen und mit dem Weißwein ablöschen. Die Flüssigkeit unter Rühren einkochen lassen. Nach und nach die Brühe zugeben und die Risoni etwa 20 Minuten al dente garen. Dabei die Garzeit auf der Packungsangabe beachten. Zum Schluss die Risoni mit Salz und Pfeffer würzen. Die Rote Bete würfeln und in einer zweiten Pfanne zusammen mit dem Rote-Bete-Saft aus der Packung, mit Honig und Chiliflocken erhitzen. Mit Salz und Pfeffer würzen und zu Sirup einkochen. Dann die Rote Bete, die Butter und den geriebenen Parmesan unter die Risoni heben.

ANRICHTEN

Das Pastasotto in tiefe Teller geben. Den Lachs von der Haut befreien und in Stücke teilen. Auf dem Pastasotto anrichten. Zuletzt mit frisch gehobeltem Parmesan und frisch gemahlenem Pfeffer bestreuen. Mit Lauchzwiebeln garnieren.

SPEKULATIUS-ECLAIRS MIT VANILLECREME UND MANDARINEN

Für 12 Personen
Zubereitungszeit: 60 Minuten
Backzeit: 1 Stunde 10 Minuten
Kühlzeit: etwa 10 Minuten

ZUTATEN

FÜR DIE ECLAIRS

150 ml Milch
2 TL Spekulatiusgewürz
125 g Butter
1 TL Salz
225 g Weizenmehl Type 405
4 Eier (Gr. M)

FÜR DAS KOMPOTT

7 Mandarinen
1 Zimtstange
2 Sternanis
4 Gewürznelken
2 TL Speisestärke

FÜR DIE CREME

100 g weiße Schokolade
250 g Mascarpone
150 g Magerquark
1 Vanilleschote
250 g flüssige Sahne
3 EL Puderzucker, plus mehr zum Bestreuen
2 Päckchen Sahnesteif

ZUBEREITUNG

Für die Eclairs einen Brandteig herstellen. Dazu die Milch mit Spekulatiusgewürz, 150 ml Wasser, Butter und Salz in einem Topf aufkochen. Mehl einrühren und die Masse abbrennen, bis sich am Topfboden ein weißer Belag bildet. Den Topf vom Herd nehmen und 10 Minuten abkühlen lassen. Nun die Eier einzeln zugeben und mit einem Holzlöffel unterrühren. Die Masse in einen Spritzbeutel mit großer Sterntülle füllen. Den Backofen auf 180 °C Ober-/Unterhitze vorheizen und zwei Backbleche mit Backpapier auslegen. Aus der Brandmasse auf jedes Backblech zwölf Streifen mit 5 cm Länge aufspritzen. Die Backbleche nacheinander in den vorgeheizten Backofen schieben. Die Eclairs jeweils etwa 30–35 Minuten backen. Vollständig auskühlen lassen.

Für das Kompott vier Mandarinen schälen, dabei die weißen Schalenbestandteile sorgfältig entfernen. Die Früchte halbieren und in Scheiben schneiden. Den austretenden Saft auffangen, den Saft der übrigen drei Mandarinen auspressen und alles mit Speisestärke verrühren. In einem Topf aufkochen, 1 Minute kochen lassen. Zimt, Sternanis, Nelken hinzufügen und vom Herd nehmen. Die Mandarinenscheiben hineinlegen und erkalten lassen.

Für die Creme Schokolade fein hacken. In einer Schüssel Mascarpone, Quark, Mark der Vanilleschote und Schokolade glatt rühren. Sahne in einem hohen Mixbecher halbsteif schlagen. Puderzucker und Sahnesteif mischen, zugeben und die Sahne steif schlagen. Die Sahne unter die Mascarpone-Quark-Mischung heben. Die Creme in einen sauberen Spritzbeutel mit Lochtülle füllen.

Die Eclairs mit einem Sägemesser oder einer sauberen Küchenschere quer aufschneiden. Die Unterseite mit der Mascarpone-Quark-Mischung füllen. Die abgetropften Mandarinen darauflegen und die Oberseite der Eclairs als Deckel daraufsetzen.

ANRICHTEN

Die Eclairs auf einer großen Platte anrichten und mit Puderzucker bestaubt servieren.

OLIVEN, GERÖSTETE NÜSSE, HUMMUS, CROSTINISTICKS

Für 8 Personen
Zubereitungszeit: 30 Minuten
Garzeit: 20 Minuten

ZUTATEN

FÜR DIE MAKRONEN

1 Eiweiß
Salz
300 g Nusskernmischung
1 TL Currypulver
½ TL Wasabipulver
1 TL Puderzucker

FÜR DIE CROSTINISTICKS

4 Scheiben Tramezzini
4–5 EL Olivenöl

FÜR DAS HUMMUS

280 g gegarte Kichererbsen (aus der Dose)
2 Knoblauchzehen
Saft von 1 Zitrone
2 EL Tahin (Sesammus)
1 ½ TL gemahlener Kreuzkümmel
½ TL Salz
½ TL Cayennepfeffer
frisch gemahlener schwarzer Pfeffer
2–3 EL Olivenöl zum Beträufeln
1 TL Sesamsamen
1 TL Schwarzkümmel
1 Bund Koriander

AUSSERDEM

250 g Oliven (grün und schwarz, entsteint, auch eingelegte Oliven sind geeignet)

ZUBEREITUNG

Den Backofen auf 180 °C Ober-/Unterhitze vorheizen. Für die Makronen Eiweiß mit 2 Prisen Salz halbsteif schlagen. Die Nüsse untermischen. Die Hälfte der Eiweiß-Nuss-Masse mit Currypulver, die andere Hälfte mit Puderzucker und Wasabi vermengen. Beide Sorten auf einem mit Backpapier ausgelegten Backblech verteilen. Im vorgeheizten Backofen etwa 15 Minuten backen. Anschließend abkühlen lassen.

Für die Crostinisticks die Tramezzini mit 2–3 EL Olivenöl bestreichen und in schmale Streifen schneiden. Auf einem Backblech verteilen und nachdem die Nussmakronen fertig sind, im Ofen einige Minuten knusprig backen.

Für das Hummus die Kichererbsen mit dem Knoblauch, dem Saft der Zitrone, Tahin, Kreuzkümmel, Salz, Cayennepfeffer und einem Teil des Kichererbsenwassers fein pürieren. Bei Bedarf noch etwas Wasser zugeben. Das Hummus mit Salz und Pfeffer würzen. In kleine Schalen füllen, mit Olivenöl beträufeln und mit Sesam, Schwarzkümmel und Koriander bestreuen.

Die Oliven und Nussmakronen in Schalen füllen.

ANRICHTEN

Die verschiedenen Vorspeisen auf einer großen Tafel oder einem Buffet verteilen.

ROASTBEEF-SPIESSE MIT PREISELBEER-DIPP UND ROSENKOHLSALAT

Für 4 Personen
Zubereitungszeit: 30 Minuten
Ruhezeit: 30 Minuten
Garzeit: 5 Minuten

ZUTATEN

FÜR DAS FLEISCH

400 g Roastbeef
2 EL Teriyaki-Sauce
1 TL Ahornsirup
Saft von ½ Limette
2 EL Olivenöl
Salz
frisch gemahlener schwarzer Pfeffer

FÜR DEN SALAT

400 g Rosenkohl
50 g Pekannüsse
Saft von 1 Limette
2 EL Walnussöl
2 TL feiner Dijonsenf
brauner Zucker
Salz

FÜR DEN DIPP

1 kleine Chilischote
1 Stück Ingwer (etwa 2 cm lang)
150 g Preiselbeeren aus dem Glas
150 g Sauerrahm
Salz

ZUBEREITUNG

Für das Fleisch das Roastbeef trockentupfen und in etwa 2 cm breite Würfel schneiden und auf acht Holzspieße stecken. Teriyaki-Sauce mit Ahornsirup, 1 EL Limettensaft, Olivenöl, etwas Salz und Pfeffer verrühren und das Fleisch damit marinieren. Abgedeckt 30 Minuten ziehen lassen.

Für den Salat Rosenkohl waschen, putzen und in dünne Streifen schneiden. In einem Topf in kochendem, leicht gesalzenem Wasser 30 Sekunden blanchieren. Anschließend abgießen und kalt abschrecken. Den Rosenkohl mit Pekannüssen, Limettensaft, Walnussöl, Senf, 2 Prisen Zucker und Salz marinieren.

Für den Dipp Chilischote waschen, entkernen und hacken. Ingwer schälen und fein reiben. Preiselbeeren mit Sauerrahm, Chilischote, Ingwer und etwas Salz verrühren.

Die Spieße in einer Pfanne in 1 EL Olivenöl von allen Seiten kurz anbraten. Anschließend beiseitestellen und 2–3 Minuten ziehen lassen.

ANRICHTEN

Den Rosenkohlsalat auf Teller verteilen, je zwei Spieße anlegen und mit dem Preiselbeer-Dipp servieren.

SORBET

Nach dem Zwischengericht ein Sorbet servieren, siehe Seite 44–45.

LOUP DE MER IN DER SALZKRUSTE MIT PERLGRAUPEN-KRÄUTER-RISOTTO UND KAROTTEN IN ZIMTBUTTER

Für 4 Personen
Zubereitungszeit: 40 Minuten
Garzeit: 45 Minuten

ZUTATEN

FÜR DEN FISCH

2 Eiweiß
1,5 kg grobes Meersalz
2 Loups de Mer (Wolfsbarsch, à etwa 800 g, küchenfertig)
5 Zweige Thymian
2 Zweige Rosmarin
2 Lorbeerblätter

FÜR DEN RISOTTO

200 g Perlgraupen
2 Schalotten
1 EL Olivenöl
50 ml Anisschnaps
700 ml Gemüsebrühe
Salz
½ Bund glatte Petersilie
1 Bund Schnittlauch
2 Stängel Minze
frisch gemahlener schwarzer Pfeffer
30 g Parmesan
2 EL Crème fraîche

FÜR DAS GEMÜSE

8 Karotten
½ Zimtstange
1 TL Koriandersamen
1 EL Butter
1 EL Honig
Salz

ZUBEREITUNG

Den Backofen auf 160 °C Ober-/Unterhitze vorheizen. Für den Fisch Eiweiß in einer Schüssel leicht schaumig rühren, Meersalz zugeben und vermengen. Die Fische waschen, trockentupfen und mit den Kräutern füllen. Ein Backblech mit Backpapier auslegen, etwa ein Drittel vom Salz darauf verteilen. Die Fische darauflegen, mit dem übrigen Salz bedecken und rundum gut andrücken. Fische im vorgeheizten Backofen 45–50 Minuten garen.

Für den Risotto Perlgraupen in einem Sieb waschen und abtropfen lassen. Schalotten abziehen und würfeln. Beides in einem Topf im heißen Olivenöl anschwitzen. Mit Anisschnaps ablöschen und verrühren. Brühe angießen und alles zum Kochen bringen. Leicht salzen und bei mittlerer Temperatur 20 Minuten garen, gelegentlich umrühren. Kräuter waschen, trockentupfen und die groben Stängel aussortieren. Einige Blätter zum Anrichten aufbewahren. Die übrigen Kräuter hacken. Das Perlgraupen-Risotto mit Salz und Pfeffer abschmecken. Kräuter, Parmesan und Crème fraîche unterrühren.

Für das Gemüse Karotten waschen, schälen und in Streifen schneiden. Zimt und Koriander im Mörser zerstoßen. Karotten mit den Gewürzen in einer Pfanne in der heißen Butter anschwitzen. Honig, einen Schuss Wasser und etwas Salz zugeben und bei mittlerer Temperatur etwa 5 Minuten garen.

ANRICHTEN

Den Risotto und die Karotten auf Teller verteilen. Die Salzkruste vom Wolfsbarsch abheben und den Fisch filetieren. Die Fischfilets auf dem Risotto anrichten. Die übrigen Kräuter darüberstreuen.

Good luck

NOUGATSCHNITTEN MIT PORTWEIN-BIRNEN-SORBET

Für 4 Personen
Zubereitungszeit: 30 Minuten
Kühlzeit: 45 Minuten,
plus etwa 2 Stunden zum Abkühlen
Backzeit: 30 Minuten

ZUTATEN

FÜR DAS SORBET

200 g Zucker
1 unbehandelte Zitrone
1 reife, weiche Birne
100 ml weißer Portwein
1 sehr frisches Eiweiß

FÜR DIE NOUGATSCHNITTEN

125 g Nougat
125 g Butter
3 Eier
1 Prise Salz
1 TL Vanillezucker
125 g Zucker
100 g gemahlene Mandeln
50 g Mehl

FÜR DIE KNUSPERBLÄTTER

1 Blatt Filoteig
20 g Butter
2 EL Puderzucker
½ TL Zimtpulver

ZUM ANRICHTEN

50 g Zartbitterschokolade
1 EL getrocknete Himbeeren

ZUBEREITUNG

Für das Sorbet den Zucker mit 200 ml Wasser und einem Streifen Zitronenschale aufkochen. 10 Minuten bei niedriger Temperatur köcheln lassen. Dann beiseitestellen und abkühlen lassen. Die Zitrone auspressen. Die Birne waschen, schälen, entkernen und das Fruchtfleisch mit dem Zitronensaft pürieren. Den erkalteten Sirup durch ein Sieb gießen. Birnenpüree, Portwein und Eiweiß zum Sirup geben, verrühren und in der Eismaschine cremig gefrieren lassen.

Den Backofen auf 170 °C Ober-/Unterhitze vorheizen. Eine Kastenform mit Backpapier auslegen. Für die Nougatschnitten das Nougat mit der Butter in einem kleinen Topf bei niedriger Temperatur schmelzen. Die Eier mit Salz, Vanillezucker und Zucker in der Küchenmaschine dickschaumig aufschlagen. Mandeln, Mehl und Butter-Nougat-Mischung zu den aufgeschlagenen Eiern geben und behutsam unterheben. Die Masse in die vorbereitete Form füllen. Im vorgeheizten Backofen 25–30 Minuten backen. Lange vollständig abkühlen lassen.

Für die Knusperblätter den Filoteig mit der geschmolzenen Butter bestreichen. Puderzucker und Zimt mischen und darübersieben. Auf einem mit Backpapier ausgelegten Backblech im heißen Ofen (170 °C) etwa 5 Minuten knusprig backen.

50 g Zartbitterschokolade in einer kleinen Schüssel im heißen Wasserbad schmelzen und dünn auf einem Bogen Backpapier verstreichen. Die Himbeeren zerbröseln, darüberstreuen und fest werden lassen.

ANRICHTEN

Den Nougatkuchen in vier Streifen schneiden und auf die Teller legen. Das Schokoladendekor in Stücke brechen und darauflegen. Eine Nocke Sorbet danebensetzen und knusprige Filoteigstücke in das Eis stecken.

AN HANG

REGISTER

F

G

H

K

T

U

V

W

Z

ÜBER DIE AUTORIN

Susann Kreihe entwickelt seit vielen Jahren mit Leidenschaft kreative und passgenaue Rezepte. Ihre Kreationen erscheinen regelmäßig in Kochbüchern und Zeitschriften verschiedener Verlage. Neben der Arbeit als Rezeptautorin ist die gelernte Köchin und Betriebswirtin für Hotellerie und Gastronomie auch als Ghostwriterin für bekannte Spitzenköche und Influencer tätig. Auf www. gerichte-werkstatt.de schreibt sie über das Kochen und Genießen.

ÜBER DAS FOTOTEAM

Das Fotostudio Photoart gilt seit vielen Jahren als eine der ersten Adressen für anspruchsvolle, zeitgemäße Foodfotografie mit unverwechselbarer Handschrift. Das Team setzt Lebensmittel »zum Anbeißen« in Szene und inszeniert alle Gerichte und Menüs mit »Unwiderstehlichkeits-Garantie«.

IMPRESSUM

Verantwortlich: Sonya Mayer
Texte & Rezepte: Susann Kreihe
Foodfotografie & Foodstyling: Photoart Food- und Werbefotografie
Redaktion: Dr. Brigitte Schnock
Layout: Helen Garner
Umschlaggestaltung: Regina Degenkolbe
Repro: LUDWIG:media
Korrektorat: Judith Bingel
Herstellung: Bettina Schippel

Printed in Slovakia by Neografia

Bildnachweis
Alle Bilder des Umschlags und des Innenteils stammen von Photoart, mit Ausnahme von: Cover: Adobe Stock / fotoart111; Seite 7: Shutterstock / Oksana Mizina; Seite 11: Shutterstock / Goncharov_Artem; Seite 13 (links): Shutterstock / George Dolgikh; Seite 14: Shutterstock / Shebeko; Seite 15: Shutterstock / Pornticha Wongyannava; Seite 17: Shutterstock / Maria Sbytova; Seite 19: Shutterstock; Seite 21: Shutterstock / Ilja Generalov; Seite 23: Shutterstock / Kitch Bain; Seite 25: Shutterstock / BarbaraGoreckaPhotography; Seite 27: Shutterstock / Jiri Hera; Seite 29: Shutterstock / olepeshkina; Seite 31: Shutterstock / Chamille White; Seite 35: Shutterstock / Gutzemberg; Seite 37: Shutterstock / Sunny Forest; Seite 39: Shutterstock / Moving Moment; Seite 42–43: Shutterstock / Zamurovic Photography; Seite 50–51: Shutterstock / Africa Studio; Seite 116–117: Shutterstock / Hihitetlin; Seite 174–175: Shutterstock / Pixel-Shot; Seite 252–253: Shutterstock / Africa Studio; Seite 318: Shutterstock / WorldWide. Illustration Seite 48–49, 114–115, 172–173, 250–251: Shutterstock / Vasya Kobelev.

★★★★★

Sind Sie mit diesem Titel zufrieden? Dann würden wir uns über Ihre Weiterempfehlung freuen. Erzählen Sie es im Freundeskreis, berichten Sie Ihrem Buchhändler oder bewerten Sie bei Onlinekauf. Und wenn Sie Kritik, Korrekturen, Aktualisierungen haben, freuen wir uns über Ihre Nachricht an: Christian Verlag, Postfach 40 02 09, D-80702 München oder per E-Mail an lektorat@verlagshaus.de

Unser komplettes Programm finden Sie unter:

www.christian-verlag.de

Alle Angaben dieses Werkes wurden von der Autorin sorgfältig recherchiert und auf den neuesten Stand gebracht sowie vom Verlag geprüft. Für die Richtigkeit der Angaben kann jedoch keine Haftung übernommen werden, weshalb die Nutzung auf eigene Gefahr erfolgt. Sollte dieses Werk Links auf Webseiten Dritter enthalten, so machen wir uns die Inhalte nicht zu eigen und übernehmen für die Inhalte keine Haftung.

In diesem Buch wird aus Gründen der besseren Lesbarkeit das generische Maskulinum verwendet. Weibliche und anderweitige Geschlechteridentitäten werden dabei ausdrücklich mitgemeint, soweit es für die Aussage erforderlich ist.

Die Deutsche Nationalbibliothek verzeichnet diese Publikation in der Deutschen Nationalbibliografie; detaillierte bibliografische Daten sind im Internet über http://dnb.d-nb.de abrufbar.

Copyright © 2022
Christian Verlag GmbH, Infanteriestraße 11 a, 80797 München

Alle Rechte vorbehalten.

ISBN 978-3-95961-653-9

Ebenfalls erhältlich ...

ISBN 978-3-95961-522-8

ISBN 978-3-95961-614-0

ISBN 978-3-95961-506-8

ISBN 978-3-95961-365-1

ISBN 978-3-95961-256-2

ISBN 978-3-95961-538-9

ISBN 978-3-95961-397-2

ISBN 978-3-95961-463-4

ISBN 978-3-86244-116-7

CHRISTIAN

www.christian-verlag.de